日本キリスト教神学小史

教義学の視点から

近藤勝彦

Kondo, Katsuhiko

教文館

はじめに

本書は、日本における「キリスト教神学」の歴史に関心を抱き、日本の「神学史」の一時期を形成したと思われる幾人かを取り上げ、幾分かの考察を加え、また論評したものである。ただし、この観点から扱うべき人はなおほかにもおり、すべてを尽くすことができたとは言えないので「神学小史」とした。

「キリスト教神学」は、「キリスト教思想」とは異なる。キリスト教思想の歴史の検討を企てるのであれば、対象はさらに広がるであろう。しかし、すべてのキリスト教思想がキリスト教神学であるわけではない。「神学」はやはり端的に言って「教義学」であることを要する。この意味では、日本において厳密な意味での「神学史」を語り得るか、またどう語り得るかという問題は、そう簡単な問題ではない。本書はこのことを意識しながら、日本における「キリスト教神学史」を形成すると考えられる幾人かの神学者たちを取り上げて、教義学的観点から評価と批判とを試みた。

「神学」とは端的に言って「教義学」であるという主張には、馴染みにくい人々もいるであろう。「キリスト教神学史」という用語は、使用の仕方ではもっと幅広い意味を持ち得る。キリスト教神学によって、あらゆるキリスト教思想やキリスト教の諸学科をも意味することがある。したがってキリスト教神学史は、キリスト教思想の歴史という意味にもなり、また旧約、新約の聖書（神）学から考古学的イスラエル史、さらには古代、中世、近代のキリスト教史、あるいは東方と西方の教会史や教理史、さらには世界伝道史の広大な歴史的研究を含むことにもなるであろう。宗教学や宗教哲学の中にも広義の神学に関わる研究があり得て、それもキリスト教思想やキリスト教諸学科と見なされ、キリスト教神学史に入れられるかもしれない。しかしそうした広い意味でのキリスト教に関わる思想史や学問史ではなく、またキリスト教諸科の歴史でもなく、ここでは「教義学」を主軸として「神学史」を描き、その形成の歴史を辿ることを考えている。

キリスト教諸学科の学問概念を考えるとき、ただそれらが一般的な人間学的意味における「学」であるだけでなく、「神の学」としての「神学」であろうとすれば、教義学との関係は不可欠なものになるであろう。キリスト教諸学科の学問性が、一般文化学や人間学を基盤としてなされることは、当然、承認される。しかしそれが厳密な意味で「神学」になっているかと問われれば、話はそう簡単ではない。単に聖書学でなく、聖書神学が可能かという問題があり、単に教会に関する歴史学でなく、それが神学としての教会史であり得るかとも問われなければならない。そうしたときに、おのずと聖書や歴史を見る主体の思惟とその学問性に「神学性」があるかと問われるであろう。

神学が「教義学」でなく、「組織神学」という用語を用いることがある。この場合にも特に変わりはない。神学を「組織神学」として営む傾向は、「教義学」という用語の古風な、ある面、権威的な響きを嫌って、前世紀の半ば以来多く試みられるようになった。さらには教義学的思惟と弁証学的思惟とを関連づけつつ、整合性を持って、組織的に思惟することに勢力を傾けた場合もあった。したがって、「組織神学」の名のもとに、実は教義学が遂行されている場合もあるし、そうでなく、「組織神学」の名のもとに弁証学や時には倫理学をも含めながら、教義学をそれらとの関連の中で、それらの軸として、あるいは基盤として遂行する場合もある。いずれにしても教義学的思惟とその展開が「組織神学」の中で重大な基盤や根本的な基点として、あるいは本質的な契機として展開されることが期待される。

キリスト教諸学科一般と教義学との相違は、日本においては、その研究と教育の場の相違にも現れる。宗教学や宗教哲学は、世俗文化や非宗教的価値観が隆盛な時代にあっては、それが与える影響の度合いについては困難に直面するかもしれない。しかし宗教学、宗教哲学であれば、一般的に大学を研究の場とし、教育の場とすることに何の差支えもないであろう。旧約聖書や新約聖書を研究対象とする聖書学も、一般の大学において古典のカテゴリーの下に文献学や古典解釈の対象として、研究と教育のテーマであり得る。つまり、それらはどの大学でも研究と教育の主題としての権利を持つであろう。共通の人間学や文化科学が言われる限り、それらは学科としての権利を失わない。

しかし、教義学はそうではない。教義学を扱い得るのは、いわばキリスト教国やキリスト教文化を想定できるヨーロッパ、あるいはアメリカなどはともかくとして、日本や他のアジアの諸国、つまり異教的な文化社会の中にあっては、特別な神学校や神学大学、あるいは私立大学神学部によるほかはない。さらに言えば、教義学は教育の対象としてキリスト教信仰者を必要としており、さらには伝道者・牧師になろうとする神学生を必要としている。講義する者と聴講する者が信仰と使命において共通な基盤にいること、つまり「神学以前」において基本的に共通していることを必要としている。当然、一群の教会を背景にした教派的な神学校や、複数教派の合同神学校などがその場として考えられるであろう。

教義学は神の「言葉」に訴えるにせよ、あるいは神の「御業」(magnalia dei) に訴えるにせよ、神とその御旨、そしてその御業を語る。御自身の内在における永遠の神を語り、また経綸における歴史の神を語る。そしておよそ「神学」という以上は、「神の学」あるいは「神の真理の学」として、率直に言って「キリスト教とその歴史について」ではなく、その主である「イエス・キリストにおける神とその御旨、御業、御言葉」をこそ語らなければならない。そしてその教義学こそがキリスト教神学の「神学性」、単に人間学的な根拠づけに終始せず、それを超えた学問性を表現する。

イエス・キリストの神とその御旨、御業、御言葉とを明白に理解にもたらすことが課題となるのは、一般的な文化や社会においてではない。その中に活動する教会の営みにおいてである。とりわけ、教会の礼拝や、聖礼典や説教の遂行においてであり、さらには教会の伝道活動においてである。神学はまさにそのための探究と反省の学である。それゆえ、神学的実存について語れば、伝道者・牧師を典型にして、イエス・キリストの証人たちの信仰の実存であり、その思惟である。キリスト教神学史の育成の場は、教会とキリスト信仰者の信仰と祈りの戦いの場であり、つまりは教会人の戦いの場である。それが教義学としての神学の営みの場であると言わなければならない。

もう一つ断っておかなければならないことは、「教派的神学」の問題についてである。「日本キリスト教神学史」は一つの特定教派の中での日本における神学史ではない。そうでなく、日本におけるプロテスタント教会、あるいは日本における福音主義的教会の神学史である。筆者自身は日本における福音主義的な諸教会の合同である日本基督教団に属する旧基督教会（ディサイプルス）で洗礼を受け、合同神学校である東京神学大学（Tokyo Union Theological Seminary）に学んだ。合同教会の現実の困難や日本基督教団の弱点にはこりごりする経験を持ってもいるが、なお合同への志向の正当性を神学的に確信している。このことは本書において「日本キリスト教神学史」を形成する人々の選択にも現れ出ている。

なお、本書は日本神学史上、重大と思われる節目の人々を取り上げたにしても、結局、植村正久、高倉徳太郎、熊野義孝、北森嘉蔵、それに大木英夫を論ずるに止まっている。日本キリスト教神学史が取り上げるべき人は他にも幾人かいる。具体的に挙げれば、逢坂元吉郎、桑田秀延、佐藤敏夫、野呂芳男といった人々、あるいはそのほかにも挙げるべき人がいるかもしれない。ここではほとんど最小限に止まったと言わなければならないであろう。そうなったのは、私自身の個人的な状況から来た制約があってのことである。扱う領域をより大きく拡大することが困難になった。それゆえ、日本キリスト教神学史の本格的な出現は、なお将来に期待されなければならない。

日本キリスト教神学小史――教義学の視点から　目次

第一章　植村正久の教義学的レガシー

1　はじめに

日本におけるプロテスタント・キリスト教の神学の展開、それもとりわけ教義学の確立と展開に注目しながら、それに貢献した人物を考察するとき、植村正久は特に重要な位置を占めていると言うことができるであろう。それでは、日本キリスト教神学史における植村正久の功績はどこにあり、またその内容は何であろうか。ここではその功績の遺産を問い、植村正久がその後の神学史、特に日本における教義学・組織神学の進行にいかなる遺産を今なお残しているかを論じることにする。

教義学は植村の時代にあっては、一般に「系統神学」という呼称のもとに論じられた。植村自身、「系統神学」を東京神学社において講義し、その講義録が彼の死後『福音新報』に何度かにわたって掲載されもした。植村がこの学科を重視したことはそれによって明らかであり、彼の同僚や弟子たちからも、植村自身によるこの学科の著述による提示が期待された。このことは周知のことと言ってよいであろう。さらに言えば、文章の形態として整った「系統神学」のあるなしにかかわらず、すでに植村の文章の諸方面を精読すれば、そこには健全かつ強力な系統神学の展開が秘められた形で見届けられるのであって、キリスト論や贖罪論を中心に、さらにはその他の教義学的項目を挙げて、「植村神学」を語ることも不可能ではなく、実際、一度ならずなされてきたことである。

しかし概して言えば、日本プロテスタント神学の神学的確立と展開はどこに見られるかと問えば、それは植村正久、内村鑑三、海老名弾正、小崎弘道といった日本プロテスタント・キリスト教の第一世代においてではなく、むしろ第二世代以降の中に求められる。神学の学問としての習熟に努め、他の諸科と比肩して劣らない学術性を確立し表現するといったことは、福音の伝道とそのための戦いに明け暮れた第一世代にとっては、いまだなおいささかの距離のある仕事であったと言わなければならない。キリスト教会と日本におけるあらゆるキリスト教的営みの命運そのものが、第一世代の日夜の関心を占めたのであって、そこからすると学術的な意味での確立をそれなりに果たした形態でのキリスト教の神学的成果とその表現は、日本におけるキリスト者第二世代以降の責任であり、事実そのように進んだと見て大過ないであろう。

波多野精一は、植村から洗礼を受けた第二世代のキリスト者であるが、その位置は独自で、新約学、キリスト教史、宗教哲学などの分野で、第二世代の学問的な確立に影響を与えた。第二世代における神学諸科の展開には、旧約聖書の渡辺善太や浅野順一、新約聖書の山谷省吾、キリスト教史の石原謙、ルター研究の佐藤繁彦、教父学の有賀鐵太郎らを挙げることができよう。それでは組織神学や教義学はどうか。

組織神学や教義学について言えば、植村正久自身がすでにその学的展開の緒についていたという主張もあり得るし、高倉徳太郎や逢坂元吉郎などの第二世代にその成立を求める見方もあり得る。熊野義孝『日本キリスト教神学思想史』は、狭義の神学（組織神学・教義学）を求めつつも、なお「神学そのもの」でなく、「神学思想」として第一世代から四名（海老名、小崎、植村、内村）を取り上げ、第二世代から九名（柏井園、富永徳磨、高倉徳太郎、佐藤繁彦、賀川豊彦、藤井武、森明、逢坂元吉郎）を挙げている。熊野は別段、世代論で神学の確立を論じているわけでなく、キリスト教の〈思想〉的表現の意味をわきまえつつ、それでは尽きない教会形成を生の場にした本格的な神学としての〈教義学〉の展開を求めた。その歩みは熊野によれば、逢坂元吉郎の中にその緒を見出すことができ、彼にあって「やがて大成すべき組織神学の筋道が語られ」[1]たと言う。さらに「この人によって日本の教会がようやく教義学的な領域への神学的進出を得た」[2]とも語った。結果的にやはり熊野自身も含めた第二世代による日本の教義学の展開ということになるであろう。あるいは、同様に第二世代に属する高倉徳太郎に日本における教義学の嚆矢を見ることもできるであろう。

それにしても植村自身の神学的戦いの中に、すでに日本における教義学的探究とその展開の典型的な姿が現れており、その姿勢とそこからの幾つかの成果の中に、この国の教会における後の教義

（1） 熊野義孝『日本キリスト教神学思想史』（新教出版社、一九六八年）、五三六頁。
（2） 前掲書、五三四頁。

学的発展のために貴重な遺産が残された事実は、見落とされてはならない。教義学的遺産はもちろん確定的、固定的に設置されたと言い得るものではない。教義学は繰り返しその根本から問い直されることを本質的な課題としている。その序説についても本論についても教義学を固定化させることは不可能である。しかし、植村の教義学的遺産として根本からの問い直しに際して繰り返し評価され、回復されるべき遺産が残されている。ここではそのうち重要と思える幾つかの項目を取り上げて明らかにしてみたい。

2　植村「系統神学」の基盤

植村正久の教義学的レガシーを問うに当たって、まず教義学（系統神学）が彼の思想の大きな関心領域の中でいかなる「位置」を占めていたかを明らかにする必要がある。植村の多彩かつ広範にわたった思想的活動領域の中で、教義学はかならずしも自明な仕方で中心の位置を占めていたと言うことはできない。もしも彼が教義学に特化できる時代的ならびに実存的状況にあったのであれば、海老名弾正との間にキリスト論や贖罪論に及ぶ論争を行い、東京神学社においては系統神学の講義をしていたのであるから、当然、彼の著作の中心に教義学や系統神学の試みがもっと本格的に完成された形で残されていて当然であろう。しかし彼にはそれはできなかった。だからこそ後世の人々からは、彼をしてその系統神学の本格的論述を残さしめたかったという声が多く聞かれるようになった。植村にはそれを果たす時間的な猶予がなかった。時間的な猶予がなかったのは実存のあり様が違ったからである。彼は教義学者にはなれなかった。正確には、そうならなかった。むしろなるべきものがあったからである。植村をはじめとして日本のプロテスタント・キリスト教の第一世代にとっては、学問としての教義学はまだその全関心の中心の位置を占めることはできなかったと言わなければならない。

植村は日本における政治や社会のあり様をめぐって、「社会の木鐸」として日本の国家、社会、文明の開明にも尽力する意志を持ち、生涯、それを忘却することなく語り、また書き続けた。しかしそれもまた彼の重大関心、もしくは使命の本格的な自覚の中心を占めたわけではなかったであろう。もしそれが彼の使命の中核を形成したのであれば、植村は躊躇なく政治の世界に身を投じたのではないか。あるいはそれがどういう職種となって実現するかという問いはあるにせよ、社会活動家として生涯を費やすこともあったかもしれない。しかし、植村はそうしなかった。彼が自らの人生の生涯を懸けて過ごした現実形態は、「富士見町教会の牧師」であり、それを拠点にした「日本における伝道者・牧師」としての活動であり、伝道者・牧師を養成するための東京神学社の運営と教育指導家、つまり「神学教育の責任者」であった。それゆえにまた『福音新報』の主管者」でもあらざるを得なかったし、「日本基督教会の指導者」でもあらざるを得なかった。

したがって、植村の思想を究明するに当たっては、何を置いても彼の実存に注目しなければならず、彼が日本におけるプロテスタント・キリスト教の伝道者・牧師であったこと、そうした実存の在り方は彼以前の日本にかつてなく、彼自身がその在り方を新しく切り開いていかなければならない意味において「伝道者・牧師」であった。彼自身そうであることに確信と喜びを持ち、それを何よりも光栄なこととし、若き世代にも同じくそのように確信して生きることを要求した。

彼の書きものに関心を向けるならば、まずもって第一に、また絶えず、彼の伝道者・牧師であるその実存にこそ心を向けなければならない。彼は伝道者・牧師として福音伝道に腐心し、その教会の形成に悪戦苦闘の生涯を送り、伝道者・牧師を育成して、新たに世に輩出しようとした。思想と言うならば、その活動のための思想を中心的なものとして把握しなければならないであろう。そしてその働きは当然、日本における信教の自由、思想出版の自由の進展にも尽くし、自由にして闊達な社会の発展、そのための教育の刷新、家族の変革、新しい文明の開発、したがって文学や評論の活動にも活力を発揮することが期待された。福音伝道と教会形成を中心にして、植村の他のすべての活動はそのためになされたと言うことができ、またそう言わなければならない。主イエス・キリストをわが神と仰いで、主イエス・キリストへの忠誠に生きる伝道者・牧師であることが、植村正久がその生涯を懸けた無上の喜びであり、その喜びに生きることを植村は伝道者・牧師の養成活動の主眼ともした。植村の時事評論や文芸評論、あるいはその豊富な人物評論なども、煮詰めていけば、それら全活動の扇のかなめは、日本における福音の伝播と教会の形成にあり、伝道者・牧師の戦いという点に焦点を結んでいた(3)。

この扇のかなめの近くに彼のキリスト論、贖罪論、伝道論、教会論を包括する神学思想の遂行があり、教養学の工夫もあった。また当然、彼自身が東京神学社における神学教育の中心として系統神学に携わることも回避することのできない課題であった。それも日本における伝道推進と教会形成のためであり、その担い手としての伝道者・牧師の養成のためであった。この意味では植村の系統神学への関心と取り組みは、彼の思想の中心から遠い位置にあったものではない。教養学は植村にとって、福音伝道と教会形成のために伝道者・牧師の精神と思想、信仰と学識を形成するうえで

(3) 石原謙はその「植村正久の生涯と路線」(『日本キリスト教史論』(新教出版社、一九六七年)、一三八―一六八頁)において、植村の生涯を「文字通り心身をささげての福音のための戦いの生涯」と語り、熊野義孝は植村の神学思想を「戦いの神学」と呼んだ。植村の神学思想が日本における伝道者・牧師としての福音伝道と教会形成の戦いに集約され、その戦いに焦点を結ぶと見るならば、以下のような大内三郎の表現には疑問を付さなければならない。「植村の活動を概括的に見ていくと、そこには『教会形成』だけでは括りきれない外延的な広がりをもつ問題が数多く存在することに気づく。しかもそれらはいずれも植村にとって、教会と並ぶ本質的な世界なのである。その世界とは、ひとつは『福音週報』、もうひとつは『日本評論』(いずれも一八九〇年に植村が主宰者として発刊)の両紙誌がそれぞれ繰り広げる世界である」(大内三郎『植村正久――生涯と思想』(日本基督教団出版局、二〇〇二年)、二一〇頁)。植村はいったい、『日本評論』を通して「教会と並ぶ本質的な世界」を問題にしたのであろうか。そうではなく、そこでもまた植村は、日本の伝道者・牧師の実存を賭して日本における伝道と教会形成のために戦ったのではないか。

不可欠なものであった。植村の不断になされ続けた説教と、およそさまざまな分野に及んだその評論活動にあって、系統神学の学習と形成、そしてその教育遂行は彼自身の使命の自覚のきわめて中心近くにあり続けた。神学の新田開拓は彼自身のよって立つ根拠地の開拓であり、彼自身の基盤の工作であった。

このことはすでに植村正久の教義学概念の重大な骨子を定義していることになる。それは日本において福音伝道を担う教会人の実存と生活を座とする教義学であって、伝道者・牧師の生涯の生活に伴う信仰の学としての教義学である。この定義はそのままに植村の教義学的レガシーとして、それ以後の世代の教義学の進路形成となり、今日にまで及んでいると言うことができよう(4)。

教義学を営む者は伝道する教会人であり、教義学はその神学的実存の形成のために遂行される。もちろん神学に対する学術的な興味から教義学を志すこともあり得るであろう。そうした学問意識から神学を志し、教義学に及ぶことを排除するほど教義学は狭量である必要はない。しかし日本における教義学遂行は、植村正久の遺産に汲めば、まずそれに携わる者自身の教会的実存を問い、伝道的な意志、主イエス・キリスト御自身の伝道に従っていく意志を問う。そうした生の場から教義学は整えられなければならない。それは教義学にとっては「教義学以前」が重要ということである。教義学以前の確かな基盤とその基盤の上での信仰生活の蓄積をもって教義学遂行を図るとともに、常に教義学の内容を教義学以前、伝道者・牧師・神学する者の教会人である豊かさとの相互関係に置くことは、植村正久以来の失われてならない重大な教義学的遺産である。この国にあっては、神学する者の伝道的実存は教会人としての実存であり、それは当然この国の政治的、文化的な解明にも深く関わる問題である。

この路線において植村はいわゆる「教派神学」、特定教派の教義学へのこだわりを推奨しなかった。それは彼の福音伝道と教会形成が、特定教派の日本への移植を狙ったものではなかったこと、また海外の教派から派遣された宣教師の指導や統制に服そうとしたものでもなかったことと対応している。彼の伝道の推進と教会の形成は、改革派教会や長老主義教会の移植と拡大を狙ったもので

（4）このため植村は、自由独立の教会の牧師であることを無上の光栄とし、またそう思惟し感受し生活するように指導もした。そのための方策として、神学校の教師やキリスト教学校の教師になることをあえて軽蔑する気風さえ彼は作り出した。佐藤敏夫『植村正久』（新教出版社、一九九九年）、一一九頁を参照。それが身に着いたことから来る弊害を咎める学校教師の声を、例えば赤城泰は表現したことがある。また、伝道のため、そして伝道献身者を得るために、学校と教会との協力関係を強化することが望ましく、学校伝道の担い手として学校教育に携わる教職者と牧師の協力も願わしいという思いで、東京神学大学において一九八〇年代以降、教会とキリスト教学校との協力関係の再構築が試みられた。この問題は今後も工夫されるであろう。しかしその反面、教会の牧師たることを無上の光栄とする召命意識は、決して損なわれてはならない。

はなかったのである。植村を「カルヴィニスト」と呼ぶことはできない。[5] 彼はカルヴァン主義やルター派とは異なる意味において、超教派的、敬虔主義的なプロテスタント・福音主義者であった。このことは、一つには植村の出自が教会としては宣教師バラの指導による横浜公会であり、その神学の学習はサミュエル・ブラウンの家塾であったことからも来ている。彼らは改革派教会の宣教師であったが、万国福音同盟会と関係を深くしたエキュメニカルな福音主義を志向していた。しかし植村の脱教派主義の神学的志向は、その出自から来ただけでなく、彼自身のその後の一貫した脱教派主義、超教派的な福音主義教会の一致運動の志向と結びついていた。[6]

それはまた日本における伝道と教会形成の針路上の要請とも結びついていたと言わなければならない。それを「自由独立の教会」の志向と言ってよいであろう。「自由独立の教会」は国家からの自由と独立であると共に、外国教会、その宣教師と神学、またその資本・経済的資金援助からの自由と独立であった。教会の自由と独立には、日本における伝道の推進と教会の形成のために、政治的な自由独立と共に経済的な自由独立でなければならず、それはまた伝道の方針や教会の針路に関わる自由独立でもあり、当然、思想的・神学的な自由独立でもあった。

この点で植村の自由独立の精神には、日本のキリスト者第一世代に共通の明治人的気質でもあったナショナリストの性格があったことも否定はできないであろう。しかし、植村にはたとえば内村鑑三のような「二つのJ」といったような主張はなく、まして「日本とキリスト、どちらをより愛するかを知らない」などと言うことはなかった。植村における教会の自由独立の精神と思想において、愛国心的価値観との相剋を見て取ることはできない。植村にある複雑な矛盾の相貌に触れて、娘の環でさえ「どっちが本当のお父さんか」と母に聞くことがあったという。しかし妻季野は、娘に「どっちにしても、キリストへの忠誠に生きる人」だと語ったという。母と娘の話とは文脈は異なるが、いずれにせよ、植村の中に「日本かそれともイエスか」といった忠誠の相手をめぐる戸惑

（5） 佐藤、前掲書、二二五頁以下参照。藤田治芽の言う「自らをカルヴィニストだとは一度も言わないカルヴィニスト」（藤田治芽『植村正久の福音理解』（新教出版社、一九八一年）、一四頁）との言い方は植村の把握としては的外れに思われる。植村の教会的並びに信仰的・神学的な自己の位置の認識は、彼の優れた論文「福音主義の信仰」（『植村正久著作集』第四巻（新教出版社、一九六六年）、四六六―四八九頁）に明らかである。

（6） 植村が超教派の姿勢を採ったときに、およそ教派主義の日本における将来についてどう考えていたかという問題も明らかにすべき課題である。それはともかくとして、H・R・ニーバーはアメリカにおける教派主義が社会学的な起源を持っているとしてその地域的な諸課題の相違、北部と南部の相違、東部と西部の相違、フロンティアからの諸問題などの契機を挙げた（H. R. Niebuhr, The Social Sources of Denominationalism, New York 1929）。日本にもそれなりに各地域の多様性がある。しかし、この狭い国土に教派の「住み分け」もできず、自ずと諸教派併存、あるいは諸教派混在となって、伝道上、各派の相違を強調する教派主義には積極的長所を見出すことは困難である。植村の福音主義教会のエキュメニカルな探求は依然としてその意味を失っていない。

いがあったといったことは考えられない。もしそうした戸惑いの中にあるとしたら、それは教義学以前の問題であり、その戸惑いの中ではどだい教義学は不可能と言わなければならない。植村正久においてイエス・キリストは神であり、主であるとの信仰は終始一貫、揺るぎのないものであって、その主のものとされて伝道者・牧師であることは何よりも光栄なことであった。それが彼の神学・教義学の必須の基盤であったのである。

3　簡易信条の主張

植村の言う福音主義教会の行き方は、万国福音同盟会の軌道であり、プロテスタント・エキュメニズムの道と言ってもよい。そしてそれは、彼の言う「簡易信条」の主張と結合していた。植村が簡易信条を主張したのは、特定の教派による指導、さらには管理を脱して、脱教派的そして超教派的に歩む道を選んだことと軌を一にしている。そしてそれは、日本におけるキリスト教の第一の課題として「伝道」を自覚したことと結合している。現下の日本において伝道こそが最大で最先端的な課題であると尖鋭に認識したことは、特定の教派主義によらず、共に伝道を一致して推進し得る同志を広く糾合することを求め、そのためには簡易な信条の一致を求める主張になった。既成の信仰告白による特定教派の拘束から脱出して、簡易信条によってエキュメニカルな福音主義信仰の共通信仰を明確化することが、日本伝道上の必須の課題であったのである。

しかしそれだけではなかった。彼のものの見方の基本に「進歩」の観念があったことも「簡易信条」と関係していたと思われる。「簡易信条」は自由寛大を擁する信仰告白のあり方であって、「神学の新田を開拓し、欧米の短を棄て、その長を採るにおいて最も都合よきもの」と考えられた。そこには「アウクスブルク、ドルトもしくはウェストミンスターの会議定盟を必要とするものにあらざるなり」[7]との判断があったが、その理由として今日の日本は「第十九世紀の末にあたれる文明をもって自ら任ぜんと欲するものなり」との主張が掲げられた。ここには、文明の進歩による時代の差が意識されている。通常、簡易信条の主張は、もっぱら伝道の開拓地である日本のキリスト者の信仰と神学の未熟さという面から理解されてきたように思われる。しかしこれは誤りではないか。一歩譲って、この面もまったく否定する必要はないとしても、それだけでなく、むしろもう一つの理由が重大ではないか。つまり宗教改革期から一七世紀にかけての詳細を極めた信仰告白文書の諸箇条の記述に対し、日本人の信仰経験はまだとても追いつかない未熟なものであるから、それらの信仰告白による束縛から解放するほうがよいと植村は判断しただけではない。それよりも植村が挙げている理由は、むしろ、教会は今、一九世紀末の現代に及んだ近代文明の進歩・発展の中にあると認識し、それを肯定する立場から彼は簡易信条を主張した。文明の進歩の意識を表明する者として、植村はとてもアウクスブルク、ドルトもしくはウェストミンスターといった諸信仰告白文

（7）『植村正久著作集』第六巻（新教出版社、一九六六年）、一一一頁。

による信仰の規定を前近代的な拘束の仕様と受け取り、それに服することを潔しとしなかったのではないか。植村にとっての信仰と神学の営みは、近代文明の推進と矛盾せず、むしろ結合していた。「欧米の短を棄て」とは、ただ日本において見れば不毛に見えるその教派上の対立の「短」を言うだけではなく、また、多岐にわたる信仰箇条によって拘束されることの不自由が「短」であるだけでもない。近代文明の進歩に即し得ない「短」も意味されていたと思われる。

植村の簡易信条の主張は、日本における信仰の未熟の観点からよりは、むしろ植村の文明の進歩史観から来ており、身にそぐわない信仰告白文書の空論的な拘束を避け、新たな信仰の「実験」による成長と神学上の新田の開拓を期すことに正当性があるとの確信を表明していた。そこには彼が歴史の進歩を感じ取り、その文明の進歩に劣らない信仰の前進と神学の推進の可能性を感じ取っていたことが表現されている。(8) 簡易信条が旧時代的神学ではなく、新時代的な神学の基本的共同歩調を支えるものであった。実際、神学が未熟な段階から脱して、成熟期に入ったとして、いったい、簡易信条以外の方途によってエキュメニカルな協力体制を基礎づけることができるであろうか。できないであろう。信仰と神学が自由寛大を求めるのは、未熟な段階の特徴ではなく、熟すればいよいよそれを求めるに違いない。植村の簡易信条の主張は日本の教会の幼児段階を心得ての主張というよりも、文明の発展に劣らぬ教会の将来的な信仰と神学の成長のために伴い続ける政策であったと言わなければならない。植村は日本の教会が将来的な発展を遂げた暁には、ドルトレヒト信仰基準やウェストミンスター信仰告白、あるいはそれと類似の信仰告白を掲げるようになるなどとは、どこにも記しはしなかった。

この「簡易信条」[9]の道もその後の種々の試練を経験しながら、植村正久から現代にまで遺産として継承されている。何らか一つの特定教派の道を行くのでなく、エキュメニカルな福音主義教会の道を探究し、神学としてもその探究に対して責任的に歩むとすれば、信条は細部まで固定させたものであることは適当ではない。むしろ基本的な箇条を明確にしたうえで、細部については種々の可能性について開放的、あるいは包括的な信条でなければならないであろう。簡易信条は、日本の

（8）これは、植村の近代文明意識が信条問題における批判的原理として働いたことを示すが、同様にこの文明の進歩意識を批判原理とした例は、内村鑑三不敬事件の際に教育勅語（の天皇の親署）に対する拝礼を文明の立場から児戯に等しいと主張したことにも見られた。

（9）簡易信条は一八九〇年の日本基督教会信仰告白にその具体的な形態を取り、戦時の日本基督教団結成時には「教義の大要」に表現され、戦後は日本基督教会信仰告白や一九五四年の日本基督教団信仰告白に表現された。しかし、簡易信条の具体的な表明は教義学的に決して容易なものではない。信仰の真理の全容にその教義学的理解が及ぶことなくして、簡易信条を作成することはきわめて困難であることを心得なくてはならない。「日本基督教団信仰告白」を神学するとき、そのことは直ちに認識される。拙論「『日本基督教団信仰告白』を神学する」（『教会学校教案』二〇二三年九、一一月号、二〇二四年一月号）を参照。

キリスト者の信仰の未熟の結果ではなく、その面をも容認するとしても、さらに神学的に詳細な議論を可能にする基盤であり得るものとして主張された[10]。

4 「論より証拠」――啓示と聖書について

植村正久の教義学的遺産を問題にすれば、それはまず彼の神学の中心的なテーマとしてそのキリスト論と贖罪論の主張の中に見出そうとされるであろう。それを否定する必要はない。しかしその前に彼の啓示の理解について指摘し、それとの関係で彼の聖書観について述べておきたい。この観点から重要な文章は、明治二四年の「現今のキリスト教並びに将来のキリスト教」であるが、その中で植村は聖書とキリスト教の成立関係を語り、聖書がキリスト教を産出したのではなく、「キリスト教は新約全書の前〔つまりそれ以前〕に成立したるなり[11]」と語った。「キリスト教はイエス・キリストちょう神人を中心とせる歴史的事実に基づけるものに外ならず」。これは当たり前の話ではあるが、植村の教義学的遺産として重大な面を語っている。「歴史的事実」に基づくということは、彼の啓示理解としても語られる。「蓋し天啓は書籍にあらず。すなわち歴史なり、事実なり。……この天啓をこれら事実に徴して、闡明するの学を名付けて、キリスト教神学と称す」。植村がそのキリスト論や贖罪論の神学主張においても、また彼の説教においても聖書の証言を重視し、聖書的な説教、聖書的な神学に努めたことは、誰もが認めるであろう。しかし彼は聖書をもって神の啓示とは言わなかった。天啓は書籍にあらず、そして「キリスト教神学あに独り天啓の事実に忠ならざるべけんや」と語った。したがってキリスト教教義学は彼によって厳密に言えば、聖書主義の教義学ではない。そうでなく歴史的啓示の立場が植村正久の神学的立場であった。彼が近代的な聖書学の本文批評や解釈に対しても学的尊重をもって対処し得たのは、この歴史的事実としての啓示の立場に立ったからである。

このことを植村はまた「論より証拠」と言い続けた。「論より証拠」とは、神学・教義学には学の以前に、その学がよって立つ事実があるということであり、その事実は歴史的な事実であって証拠を挙げて主張される。これによって神の啓示が基づく歴史的事実が言われ、あるときはキリスト

---

(10) 植村の遺産を汲んで、いかなる「簡易信条」が妥当かという問題はなお別に検討されなければならない。「日本基督教団信仰告白」は確かに「簡易信条」であるが、例えばその聖書に関する告白はウェストミンスター信仰告白の聖書観を継承している限り、植村に言わせればすでに問題であろう。歴史的啓示における神の偉業の権威に対し、その証言である聖書の従属性は明らかと思われる。贖罪論も救済論も、さらに教会論についても「日本基督教団信仰告白」において告白されているところは一部分であり、それをもって贖罪論、救済論、教会論の他の契機の主張に対し排除的な権威を認めるべきではない。

(11) 『植村正久著作集』第四巻、二八七頁。

論の根拠としてのキリストの事実が語られる。その場合、とりわけ復活の事実の強調が植村の土台をなした。

植村正久の神学的特徴と言えば、一般にはその贖罪論に認識され、とりわけ彼における十字架の強調が中心的な神学的主張をなしたと語られる。[12]この指摘は誤りではないであろう。われわれも後に植村の贖罪論を検討し、そこでの教義学的遺産を明らかにしたい。しかしその前になぜキリスト教なのか、またキリスト教はどこにその成立の拠点を持っているかと問えば、植村はイエス・キリストの人格とその活力・感化力の今日に及ぶ事実を語り、その根拠としてイエス・キリストの人格の超自然的事実を語る。そしてそこには復活の事実が強調される。すでに明治一九年の文章の中で植村は「論より証拠」としてキリストの復活の事実を指差した。明治二四年の文章では「キリストの性行、履歴」に関する「歴史的の事実」、さらには「偉大なる神人イエス・キリストの歴史に関する超自然的の事実[13]」が、証拠を究めて、研究されるべき事実と言われた。彼はその後もこの事実先行の論調を維持し、明治三五年の文章でも、同一の主張を貫いた。「キリスト教は観念を重しとするか、はた事実を最も貴しとするか」と問い、「前者ならばキリスト教は一種の哲学のみ」と言い、「キリストの永存及びその活ける現在とをして、史的事実に基づける信念たらしめざれば、吾人の宗教はおのずから主観的に流れ、何時しか感情的に陥るを免れ難し[14]」と語った。キリスト教信仰の根拠としての歴史的事実の強調であるが、復活がこの文脈で重大な鍵をなしている。「要するにキリスト教の奇蹟は哲学上の研究に属するよりも、むしろ歴史の範囲に入るべきものなり。

論よりはむしろ証を争わざるべからず。奇蹟は事実問題なり」と主張された。

キリストの復活の事実が果たす役割は、一つには「キリストの人格の啓示」であり、この事実を認めて「使徒たちはキリストを拝するに至れり。これによりて師は主となりぬ」。こうしてパウロ的信仰が表明される。さらに復活は贖罪論を明白化する。「イエスの贖いはこれがためにその意義を明白なるを覚ゆ」。「キリスト論はその復活に依りて完了せられざるも、大いにその歩を進めたりと言わざるべからず。少なくともキリスト神性論は大いにその根拠を堅固にすることを得たり」[15]。この復活の事実は、植村の信仰の特徴としての「活けるキリスト」と不可分であって、この点については後に再論しなければならない。

植村正久はこの事実的根拠の主張によって「歴史的神学」、つまりは「下からの神学」に立った。それは問答無用の権威の主張ではなく、日本における神学の弁証学的状況を把握して、学問的論議を回避しない堂々たる進軍を図ったと言ってもよいであろう。大正一一年、晩年に近づいた植村は、なおこの筋道に立ち続けて、「キリストの研究は堅固なる事実を基礎として行われ得べき仕事であ

(12) 例えば藤田、前掲書、一八頁に見られる。
(13) 『植村正久著作集』第四巻、二七〇頁。
(14) 前掲書、四四九頁。
(15) 前掲書、四五一頁。

る」[16]と言い続けた。植村の「論より証拠」の主張は、その啓示論、聖書論、キリスト論に一貫した主張であり、日本における教義学的遺産をなしたと言ってよいし、遺産とすべきであると、私は思う。従来の植村正久研究にこの点の指摘が欠けていたことはいったいどうしたことかとも、私は思う。

歴史的啓示と復活を重視しながら事実に根拠を置いたキリスト教を語ったことと、植村がP・T・フォーサイスでなく、ジェームズ・デニーの神学を一層推奨したこととは、深く関連している。デニーもまた「キリストの復活」を「最高の奇蹟」として、キリスト教の全機構はこの出来事に依存していると語ったからである。これに対しフォーサイスは、「史的イエス」に囚われることなく、信仰告白という「価値判断」によって十字架のキリストを人格的に解釈すると主張した。デニーの歴史的事実に基づく信仰と神学に対し、「キリストを正しく評価するためには神学的にまた人格的に評価する以外にない」というフォーサイスの評価的価値判断の神学とが相違を見せた。植村正久が繰り返し主張した「論より証拠」の神学は、ほとんどデニーの神学と重なり合うものであった[17]。他方それは、フォーサイスの神学とは距離を持ったと言わなければならない。デニーが歴史的啓示の神学を語り、ウェストミンスター信仰告白の聖書論を批判したことも、植村と軌を一にしていると言うことができよう[18]。ただしデニーの立場は、彼の『神学研究』(一八九四年)に明示されたものので、植村はデニーから学んだわけではない。戦後の日本基督教団がその信仰告白において聖書の権威を第一に掲げたのは、どのような神学的検討を経てのことであったのか定かではない。おそらくは万国福音同盟会の九箇条以来の線を福音主義として継承したのであろう。しかしそれを内容的には、ウェストミンスター信仰告白の線に従って表明した。いずれにせよ、事実に立脚するという植村の主張とは合わないものになった。しかし、もう一度、植村の教義学的遺産に立ち戻ることが重要と言わなければならない。

(16)『植村正久著作集』第五巻(新教出版社、一九六六年)、二二頁。

(17)「論より証拠」は「解釈より事実」とも言われ、さらには「聖書より啓示」という神学的根拠の認識になった。これは植村とデニーの共通点であるが、植村がデニーから学んだわけではない。植村とデニーでは、年齢は一歳違いで、ほぼ同年であった。植村の主張は『真理一斑』(一八八四年)や「キリストノ復活ヲ論ズ」(一八八六年)にすでに現れ、「キリストとその事業」(一九〇二年)に至っている。一方、デニーの『神学研究』が世に出るのは一八九四年、『キリストの死』は一九〇二年である。

(18)デニーは、ウェストミンスター信仰告白の聖書論に対する批判を明らかにしたが、それはジョン・ノックスの起草による一五六〇年のスコットランド信仰告白の聖書論を尊重する姿勢によっていた。つまり信仰告白において第一条を構成するのは聖書論ではなく、「神論」(唯一なる神、神の本質、三位一体)であり、聖書論は教会論(第一六条)に続き、その関連で第一八、一九条で扱われた。ジェームズ・デニー『神学研究』(松浦義夫訳、一麦出版社、二〇〇七年)、三一頁参照。

5 贖罪論と「神の死」

贖罪論には、古来より、「賠償説」(Ransom theory)、「軍事的勝利説」(Christus Victor)、それにアンセルムス以来の「充足説」(Satisfaction theory)や、宗教改革者にしばしば帰せられた「代償説」(Substitutionary theory)、さらにアベラルドゥスに見られ、近代の傾向とされた「道徳感化説」(Moral influence theory)が挙げられる。植村は、ソッツィーニの「模範的解釈」やアーヴィングの「治癒的解釈」、その他「政治的解釈」なども挙げている。そのうち植村自身は「代償説」を他の長所も含む説として一番に評価した。それは通常、「刑罰代償説」と言われ、一般に宗教改革者の贖罪論も特徴として「刑罰代償説」であると考えられてきた。しかし、植村は特に宗教改革者に従って「刑罰代償説」を主張したわけではない。そして実際、宗教改革者たちの贖罪論を「刑罰代償説」として概括し得るかどうかは疑問である。ルターは久しく「充足説」に立つと理解されてきた。リッチュルもそう解釈したが、それを覆してルターはむしろ古代的な「勝利説」を復興させたと解釈したのはグスタフ・アウレンであった。しかしルターには、キリストを「われらの主にして師」と語ったように、キリストの模範に従う「感化説」の要素も見られた。カルヴァンに至ってはその贖罪論はさらに一層複雑多義であり、より包括的であったと思われる。

植村に話を戻すと、植村の贖罪論は宗教改革者の誰かを継承したものではなく、聖書自体に見られる諸解釈を尊重し、特に彼の言う一八世紀以来の「福音主義」から来ている。「福音主義において最も重んぜらるるは贖罪の事実である」[19]と植村は言う。そしてその福音の事実の解釈として代償説を重視したが、さらに贖罪の事実の「円満」な解釈を求め、いわば包括的な贖罪論の展開に努めたところに植村の特質があった。「代償説」に関しても、それが「刑罰」の代償か、それとも「審判の代受」かといった論究がカール・バルトに見られ、バルトは「刑罰」の代償でなく、「審判」の代受を主張した。しかし、この区別は植村にはない。植村は審判について言及したが、刑罰についても言及している。「刑罰代償」と言っても、そこにはキリストが刑罰だけでなく、代わって「審判」されたことも含まれる。植村自身は宗教改革者が実際に「刑罰」あるいは「審判代受説」に限定的に立っていたかどうかについて詳細な検討を行った形跡はない。彼は「円満」な解釈の名のもとに他の要素も加えることを推奨した。その中には「道徳感化説」も含まれている。海老名弾正との論争において、植村は海老名弾正の「神の赤子の感情」や「父子有親の関係」に触れながら、キリストを模範とするにしても「正確なるキリスト論」を欠いて、「先輩、後輩の相違があるのみ」として、海老名の「感化説」を退けた[20]。しかし植村自身は、感化説には浅いものだけで

（19）『植村正久著作集』第四巻、四六六頁。
（20）前掲書、三四八頁。

なく深いものもあるとして、深き感化説は「活ける基督我等の中に働くとの高尚なるもの[21]」があると言い、それをむしろ高く評価した。こうした贖罪論に対する姿勢から植村は、彼が主張した簡易信条の中に贖罪論の一つの解釈を取り入れることをよしとしなかった。このことは、日本における神学が初期段階にあった現実を顧慮して賢明であっただけでなく、今日にも有意義なことである。贖罪論をその中心的な解釈において深める努力は肯定される。しかしその際、正確なキリスト論が踏まえられなければならない。正確なキリスト論を踏まえた贖罪論の探究は、植村の教義学的レガシーに属すると言うべきであろう。

「円満」な贖罪論の探究は、当然、聖書の証言と合致する範囲において、新しい角度の開発をも期すであろう。「充足説」には聖書的根拠はないとしても、「治癒的贖罪論」や「死からの解放」と「新しい命の贖罪論」などは聖書的根拠に即し得る。

贖罪論との関連で、植村の教義学的遺産としてもう一つの方向が覚えられなければならない。それは、キリストの十字架についてである。植村は、キリストの十字架を、「とりも直さず、神自身の十字架でありと信ぜねばならぬようになる[22]」と語った。「キリストの死は或る意味において、神の死であると解せざれば、パウロの論理徹底することが出来ぬ[23]」と植村は言う。「イエスの心はすなわち神の心、イエスの十字架はすなわち神の十字架である」と彼は言い、「十字架は神の苦痛を意味する[24]」とも語った。やがて高倉徳太郎が植村のこの遺産を継承し、同様に、「彼の十字架はとりも直さず、神御自身の十字架となる[25]」と語った。

さらにこの線を継承したと言えるのは北森嘉蔵である。北森は、植村の弟子佐藤繁彦とのつながりから言うと、日本における第三世代のキリスト者である。彼が『神の痛みの神学』において自説の背景の一つとして挙げたのは、一つには「神は言ふべからざる苦痛を嘗め、傷ましき手続きを経、身を犠牲にして、人の為に赦罪の道を開きたり」という植村の文章であり、また、既述した「キリストの死は或る意味において神の死であると解せざれば、パウロの論理徹底することが出来ぬ」という文章である。[26] 植村の教義学的遺産の継承をそこに見ることができると言えよう。

ただしさらに立ち入って問えば、継承の中の差異もまた無視することはできない。植村としては贖罪論を特徴とする福音主義の神学の掘り下げとして、「神の十字架」、「神の死」、そして「神の犠牲」と「神の苦痛」へと考察を進めた。しかし北森嘉蔵の場合、贖罪論の掘り下げというよりは、「神の愛」に関心を持ち、神の愛が「痛みの愛」であることに重心があった。神学史的に言う

---

(21)『福音新報』に掲載された「系統神学」の中の表現。
(22)『植村正久著作集』第四巻、四八三頁。
(23) 前掲書、四八三頁。
(24)『植村正久著作集』第五巻、二三八頁。
(25)『高倉徳太郎著作集』第二巻（新教出版社、一九六四年）、三八九頁。
(26) 北森嘉蔵『神の痛みの神学』（新教出版社、一九五八年）、二一、五八頁。

と、植村が福音主義の神学を掘り下げたのに対し、北森はルター神学に連なりながら、神の愛の本質を問うところがあった。そこで北森は「痛みの愛」と「父と子の三位一体」を問うことになるが、植村においては「父なる神の苦痛」というテーマは、まだ少し遠いテーマとして止まったと言わなければならない。植村はあくまでイエス・キリストの十字架の事実から目を離さなかった。しかしそれにしても、「神の十字架」「神の死」「神の苦痛」という神学的主題を負った植村の教義学的遺産があって、われわれの神学的探究をさらに先へと導いている事実を承認することはできるであろう。

6 「活けるキリストの現在」

植村正久の神学思想を論ずるとき、植村におけるその発展を語るべきか、それをどう語ることができるかという論題があるであろう。植村は一八八四年、二六歳で『真理一斑』、翌年『福音道志流部』を出版し、一八八八年（三〇歳）からほぼ一年間の米国と英国での遊学を経験した。帰国後、『日本評論』『福音週報』を創刊し、毎号に彼の論説を掲げた。一九〇一年（四三歳）には海老名弾正との間に論争が起こり、一九〇四年（四六歳）には東京神学社を創立させ、伝道者・牧師の神学的養成に努めた。

植村の神学的成長は概して早く、多くを後の発展に帰すことは困難である。その中でも発展を語り得るとしたら、「活けるキリストの現在」の主張ではないかと思われる。それは後年の植村の信仰と神学の特徴をなし、そこに発展を語り得るかもしれない。すでに当初から植村が復活の事実を強調し、それを根拠としてキリストの神性を語ったこと、また復活によってキリストは神人であり、主であることを語り、単に師であるイエス・キリストの現在的な活力や感化力を語ることでは不十分としたことは明らかである。しかしやがて一九〇八年、五〇歳の植村は、「現在のキリスト」の信仰の経験を深めて、「キリストの復活のことを様々に詮議立てしてそを信仰の基礎となさんと欲するは愚かなる業なり」とも語った。しかしまさにこの「論より証拠」の方法が、植村自身が筋道立てて論じることを大事として遂行してきた道であったはずである。これに対し後年の植村は「現に生きて我らと交わりたもうその経験に勝りてキリスト復活の証拠あるべしや」[27]と語る。ただし、後年の植村が復活の歴史的事実性の主張やその歴史的論証を放棄したわけでないことは明らかであろう。「活けるキリスト」や「現在のキリスト」の主張は、キリストの復活を根拠とし、その現在化によって語られた。しかしその論証を語るよりも現に生きて現在するキリストの実在の信仰的経験が強力な確信となって、後年の植村の信仰の特徴をなした。贖罪論において、既述したように深い意味での感化説には、この現在するキリストの模範が受け取られていたと思われる。

「現在のキリスト」が植村の晩年の説教においても根本的なテーマをなしたことは、「直面するキ

(27)『植村正久著作集』第五巻、二〇三頁。

リスト」など味わい深い説教の中で読み取ることができる。「現在のキリスト」は年齢を重ねるごとに植村の確信になっていったと思われる。こうしたことは、植村の身近にいた人々によって、例えば藤田治芽によっても伝えられている。藤田は一九一六年から一九二一年、つまり植村の晩年の東京神学社において指導を受けた牧師である。彼によると「植村正久は特に晩年に及ぶにしたがいまして、王なるキリストの活ける支配、すなわち、恵みとあわれみとにおけるキリストの現臨ということについて、強く述べてまいります[28]」と語る。植村における「現在のキリスト」の強調を「王なるキリスト」の支配と関連づけることが適切か否かは、ここでの問題ではない。しかし植村が「キリストの現在」や「直面するキリスト」、あるいは「活けるキリスト」をしばしば語り、それは後年になっていよいよ明確な主張になっていったことは明らかであろう。同様の報告は、同じく晩年の植村との親交にあった熊野清子が夫熊野義孝の植村を語る言葉として伝えている。植村は「キリストに対する熱き想い、主を目の前に見ているような心持を持っておられた」、さらには「人と話をされている最中でも、眼をつぶって祈りをなさった[29]」と言う。これらは、主イエス・キリストに対する「忠誠心」ということとも言えようが、敬虔主義的信仰生活の表現とも言い得るであろう。植村は大正四（一九一五）年の文章「福音主義の信仰」の中で福音主義的神学の系譜について語った際、ロバート・デイル（R. W. Dale）の名を挙げて以下のように述べた。

「バーミングハムのデール〔デイル〕は、英国会衆教会近代の傑物である。その教訓に富みたる伝記によりて日本のキリスト者にも親しみ深く、その贖罪論、キリスト教教理、エペソ書講解などに依りて、この国の幾多の伝道者に師友の関係を結んでおる。彼が一日復活日曜日のために説教の準備をなしつつ工夫惨澹たりしとき、活けるキリストを深く経験した事実は、その伝記の印象最も深き一頁で、吾人の信仰生活にも大いなる刺激を与えるものである。デールは政治及び社会の諸方面にわたりても、その人格の勢力を、広く深く感覚せしめ、神の国のために時勢を支配し、風潮を指導したのである(30)」。

植村はデイルの伝記の中に「活けるキリスト」の深き経験の事実を知り、その部分を伝記中最も印象深い一頁として読んだ。それだけでなく、デイルの「活けるキリスト」の深き経験から彼自身の信仰生活に対する大きな刺激を受けた。「復活のキリストの現在」に対する信仰は、ほとんど当初からのものであったと思われるが、こうした刺激を受けることによって後年いよいよ強調を増し加えたと思われる。この生けるキリストの現在は、植村からの信仰的遺産として、さらに教義学的遺産としても、継承されるべき信仰である。教義学が根拠とし、また対象とする「われらの活ける

(28) 藤田、前掲書、六八頁。
(29) 『日本神学校史』(レバノン会発行、一九九一年)、一三七頁。
(30) 『植村正久著作集』第四巻、四七三頁。

主イエス・キリスト」は、地上に生まれ、その生涯を歩み、罪ある者たちを赦し、病める者を癒し、失われた羊を捜し出し、共に食事し、権威をもって語り、祈り、怒り、涙し、そして十字架にかかり、復活された。主はナザレのイエスであるが、その主は同一のお方としてまた神の権威と御力をもって復活者として現在する主イエス・キリストである。歴史のイエスは、現在の復活のキリストであり、将来の栄光における来臨の主イエス・キリストでもある。伝道者・牧師として神学する者は「現在のキリスト」の信仰的経験を深くしなければならない。この生き方は今日においてもなお植村正久からの教義学的遺産と言ってよいであろう。

7　教会論の特質

植村正久に教義学的な意味での教会論があるかと問えば、一般にはないと答えることになるであろう。たとえば通常、教会論の定石をなすキリスト論との関係表現である「キリストの体」をめぐる議論や教会の本質をめぐっての教会の「唯一性」「聖性」「公同性」「使徒性」の整然たる議論も、あるいは教会の「職制」「法」「政治」についての主張も体系的に扱われているわけではない。しかし文明開化の時代の波を受けて多方面の課題に直面したあの時代の日本にあって、彼がもっぱら伝道と教会の形成に携わることに特別な意味を見出したことには、信仰的、神学的な判断があったに違いない。彼自身、国家の改善や社会改良がそれなりに急務であることも認識し、能力においても政界への進出や他の事業の経営にも十分耐える力量に富みながら、自らは決して揺らぐことなく、伝道と教会の形成をもっぱらの急務とし、それに集中し、人々にもそれを求めた。そこに信仰の判断と決断があり、当然そこには神学的な理解が働いた。彼が伝道と教会形成を自己の人生の全事業の中心となし、またそこに生涯のエネルギーを集中的に注いだことには、いかなる信仰的、神学的理由があったのであろうか。

この問題は、植村の数多くの文章、説教や講演の中に折に触れて書き続けられた。その中でも伝道と教会形成の根拠として繰り返し語られたことは、教義学的な遺産として今後とも日本の福音主義的教会において継承される価値がある。それは教会設立の根拠を植村正久が主イエスの「意志」に置いたことである。「教会の設立は全く主イエス・キリストの意に出で、その遺訓に基づけることにて、神の国を拡張せんがために欠くべからざる機関とす[31]」と言われる。そのため教会の法や制度に関しても「キリストの聖意ここに在り[32]」と言われる。キリストと教会の関係をキリストの意志に見る見方はまた「王なるキリスト」の理解と密接になり、信仰者のあり様としては「キリストへの忠誠」という敬虔のあり方と結合する。教会形成にせよ、伝道にせよ、牧師・伝道者の日頃の敬虔と一致することが重要である。「よそ行き」で改まったときだけ、伝道を語り、教会形成に

(31) 前掲書、二三七頁。
(32) 前掲書、二二二頁。

努めたところで決して十分ではない。伝道も教会形成も主イエスの御意志から発するところで、その理由と根拠、またそのための労苦を担う力も与えられなければならない。教会設立の根拠を「キリストの意志」に見たことは、植村の慧眼であったと言わなければならないであろう。

この設立根拠は、教会設立の目的にも関係する。教会設立の目的は、右にすでに引用した文章に言われる「神の国を拡張せんがため」である。それは王なる神の支配と関係する。「神の国を拡張する」ということは、「世界を救うの大目的を全うする」ことと同一視され、伝道と結合される。「教会は、……キリストがその志をなし、その国を拡張せんがために必要なりと認めて設立せられしものなり」とも言われる。植村は「神の国」と「キリストの国」とを区別する必要を認めていない。教会の設立目的を神の国に見たことは、重要な示唆であるが、ただし「神の国を拡張する」といった表現は神の国が人間の努力によってどうにかなるかのようで、それは明らかに一九世紀的な進歩史観と神の国思想が接近している問題性を表している。しかし、教会の目的に神の国があり、伝道をもって教会が神の国との関わりにあることは見失われてはならないであろう。むしろ神の国との関わりにおける教会の位置理解は、教会論としても、また神の国による終末論としても、必須のテーマと言わなければならない。

教会の設立目的として「神の国を拡張する」という主張は、植村が繰り返し語った重大テーマであったが、それだけが彼の主張であったわけではない。それと共に、時にはそれに先立って、「教会の設立せられし第一の目的は、神を礼拝することなり」[33]とも植村は語った。「教会の主要なる目的は礼拝をなすにあり[34]」と言う。その意味は「キリストの顕彰せられしところに従いて神を礼拝する」ことであって、それは他の何事かのための手段として、例えば「心の平安」「修徳の必要」など人間学的ニーズ（植村の言い方では「霊性の必要」）に応ずる方便と考えられてはならないものであった。そうでなく、植村は「己を忘れてひたすらに神を礼拝する」こと、「礼拝そのものを絶対的に尊重する」ことを求め、「その気風を奨励すること最も肝要なるべし[35]」と語った。植村にとっては、真実の礼拝から人心の平安や倫理的確立が自ずと結果することは、当然のことであったが、礼拝をそのために方便視することは極力退けたのである。

真実の礼拝は「正当に神を礼拝する」ことを要求する。神の真実に適う礼拝は、また当然、礼拝者に「信仰の純潔」を求め、「神とキリストとに付きて思想するところを確実にし明白にし円満にし深遠にして、その精に通じ、成るべくその秘義に達して誤謬なからんこと」が期される。そのためにはさらに「信条の正しからんことを要す[36]」こととなり、神学の不可欠性が自覚される。それ

（33）前掲書、二四一頁。
（34）同右。
（35）前掲書、二四四頁。
（36）前掲書、二四五頁。

らは「礼拝の根底なる信念を確実にする」[37]ためである。

純然たる礼拝そのものの純潔な遂行から、自ずから結果として「霊性の必要」が満たされる。「霊性の必要」が満たされることの持つ、キリスト教の弁証学的関心は植村の中になかったわけではない。しかし植村は宗教、キリスト教、教会、礼拝等のそれ自体としての純粋な設立理由を尊重し、それを霊性の必要とはいえ、他の価値や目的のための方便とすること、つまり教会設立を他の目的のために手段化することを極力退けた。霊性の必要、あるいは人心の必要などのための手段化を諌めただけではない。教会とその礼拝を、「国家の進運を期す」[38]ための、あるいは「国家に取りて愁眉の急」ゆえの方便とすることも厳しく戒めた。純然たる礼拝は、信仰と礼拝の自由を求め、国家や社会の拘束をはずし、真実に礼拝する教会の自主独立の自由を求める。正当な礼拝を追究する道は、植村において信仰の自由と教会の自主独立を要求する主張となった。

したがって真実な礼拝の追究と純然たる教会形成の主張は、「自由な国家」を求める教会の世界政策を伴って前進した。しかし国家政策も文化政策も、教会と礼拝、そして伝道をなすための目的に位置することは決してできない。むしろ純然たる教会形成と礼拝や伝道の推進が、それ自体の高次な目的としての神の国に属し、他の人間学的必要や国家的目標によって手段化されるものではなかった。このこともまた植村正久の教義学的遺産として、その目録から削除されてはならないであろう。

植村の教会論として教会の秩序、職制、教会政治などにどれだけのことが言われ得たかは不明である。植村が「長老」や「長老会」といった名称を使用したことは明らかであるが、だからと言って彼が「長老主義」を主張したと言うことはできない。むしろ「長老主義教会」を日本に確立しようと目指したことがないことの方が、植村のキリスト者としての出自と「日本基督教会」における彼の活動からして明らかである。植村は、すでに述べたように、アメリカ・オランダ改革派教会の宣教師J・M・バラから洗礼を受け、日本基督公会に属するところから出発した。それは万国福音同盟会のエキュメニカルな信仰から出発したことを意味することもすでに述べた。植村が神学の基礎を学んだS・ブラウンは、同じく改革派教会宣教師であったが、同時に長老教会に属したこともあった。日本基督公会の後、日本基督一致教会時代が一〇年ほど続くが、植村がより広範な教派合同を願い、日本組合基督教会との一致運動に熱心であったことは周知のことである。また、彼が親しんだ福音主義神学者は、イングランドの会衆派神学者R・W・デイルであり、またウェストミンスター信仰告白から距離を持ったスコットランド改革派教会のジェームズ・デニーであった。

植村が努めて意識した教会政策は、「自由教会」であり、「自主自立の教会」であり、「独立の教会」であった。それは、一方では国家的な強制や介入からの独立を意味したが、他方では海外の特定の教派からの資金的ならびに神学的な指導からの独立をも意味していた。そこで彼は、イングラ

---

(37) 前掲書、二四六頁。

(38) 『植村正久著作集』第五巻、三七一頁。

ンドの非国教徒から学ぶといった言い方もした。その上でエキュメニカルな教会一致を追求し、それに「簡易信条」の主張が結びついた。これらの教会政策も概略において今日依然として継承されるべき遺産を形成していると言うことができよう。

以上が、植村正久の神学思想が今日の目から見ても、教義学的遺産として挙げ得る諸点である。なおこれ以外にも求め得るかと問われれば、あり得ると答えるべきであろう。例えば、彼の「神の国」の用語の使用についても、「神の国の拡張」といった人間の倫理的、あるいはむしろ伝道上の努力との結合が暗示される用語であるが、さらに一九世紀の神の国の倫理主義化とも同傾向のものと言えなくはないであろう。それはやがてSCM運動と結びつく可能性もあるもので、第二世代に見られた弁証法的神学と結びついた現在的、さらには神学思惟的な終末論とは明らかに違っていた。植村の神の国の思想は、彼自身の進歩主義的歴史解釈と関連していた。弁証法的神学の観点から見れば、古色蒼然のものと見えたであろう。しかし今日、第二世代、あるいは第三世代においても、終末論の強調が現に進行している世界歴史、また日本の歴史の解釈問題を喪失していったことを思うと、神の国と歴史の希望の関連は重大な可能性を秘めている問題と言わなければならない。歴史における将来的希望の可能性を問い、神の国の思想によってそれを支え、かつ限界づけることは、ジョン・ウェスレーなど一八世紀の偉大な伝道者たちの「ポストミネリアニズム」とも共通することであって、もう一度再考する価値あるテーマとも言えるであろう。

第二章　高倉徳太郎『福音的基督教』の日本神学史的意味

1　日本神学史における第二世代の意味

日本における「神学思想」の歴史でなく、もう少し厳密に日本キリスト教「神学史」を語るとしたら、どこで開始したと語り得るであろうか。「神学史」の名のもとに、神学諸科の中でも聖書学や歴史神学でなく、とりわけ教義学あるいは組織神学を念頭に置く時、その開始を告げることは決して単純ではない。一般には、日本開国以来、欧米諸国の諸科学が流入してきたこととあいまって、日本人による一応の学的成立の時期は開国の第一世代ではなく、むしろ第二世代に見出される。神学諸科についても、第一世代には資質として学問的発展を十分に期待し得る人々が幾人もいたが、第一世代の使命は一つの学科に特化されず、当然、学問的な集中と展開を持続的に試みることはできなかった。それよりはむしろ伝道の戦いと教会形成のために、例えば植村正久たち第一世代の労苦は注がれたのであって、学問としての神学の前提である教会的基盤づくりに明け暮れなければならなかった。

第二世代によるキリスト教諸科の成立と展開は、明治四〇年以降のこととして、通常、まず波多野精一による原始キリスト教の研究、ならびに宗教哲学の展開が指摘される。波多野精一『基督教の起原』は明治四二年のことであった。波多野は第二世代のキリスト者の中でも先導的な役割を果たし、彼の功績を継承する形で石原謙（キリスト教思想史）や山谷省吾（新約聖書学）が続いた。旧約聖書学の浅野順一と渡辺善太はそれぞれ別の系譜から由来したが、やはり第二世代のキリスト者である。カール・ホルに師事し、日本におけるルターの最初の研究者になった佐藤繁彦も同様である。この第二世代におけるキリスト教諸科の成立と展開に大きな影響を与えたのは、植村正久と彼の東京神学社の働きであろう。波多野も植村から洗礼を受け、石原謙は教会員として植村から指導を受け、浅野順一や佐藤繁彦も東京神学社に学んだ。

それでは教義学はどうか。日本における教義学の成立はどこに見られるであろうか。これにはいくつかの回答がすでに提出されている。一つは植村正久の中に日本における最初の教義学の出発を見る見方がある。海老名弾正との論争に顕著に現れた「キリスト論」や「贖罪論」にそれがあるという見方である。しかし、あの論争は日本伝道史において重大な意味を持ったことは明らかであるとしても、教義学上の事件と言うことはできないように思われる。さらに植村は、東京神学社において「系統神学」を講義したが、それを著述の形では残さなかった。彼はその全仕事をもって神学がよって立つ基盤の形成に尽力したが、その上に彼自身の教義学の実を結んだと言うなら、それは言い過ぎになるのではないかと思われる。とすると、教義学の場合にも、他の神学諸科の場合のように第二世代の活躍に期すことになるであろう。その場合、誰を挙げ得るであろうか。

熊野義孝は、逢坂元吉郎に注目した。昭和一四年の彼の大著『聖餐論』(一九三九年)は、「教義学的専門分野への進出として先駆をなすもの」と熊野は語り、「この人によって日本の教会がようやく教義学的な領域への神学的進出を得た」と記した。[1] 逢坂は、一八八〇年生まれで、第二世代の中でも年長者である。ただし著作年代からすると、逢坂の著作としての成立は比較的に遅く、彼の『聖餐論』のすでに六年前に熊野義孝自身の『終末論と歴史哲学』が世に出ている。熊野は第二世代の中では年少者であるが、著作としては先行していた。となると、熊野義孝において終末論的思惟の遂行という形で、日本における最初の教義学的表現が見られたということになるのではないか。

ここでの問題は、それでは第二世代の代表的な存在と目される高倉徳太郎の主著『福音的基督教』(一九二七年)はどうなのか、日本における教義学の開始的な成果と見なすことはできないであろうか、という問いである。植村から東京神学社を託された高倉徳太郎のこの代表的な著作における日本神学史的な評価がここでの問題である。

(1) 熊野義孝『日本キリスト教神学思想史』(新教出版社、一九六八年)、五二七、五三四頁。

2 『福音的基督教』の成立の背景

高倉徳太郎は一八八五年、明治一八年の生まれ、東京帝国大学独法科に学んだが、植村正久から洗礼を受け、東大を中退して、東京神学社に学んだ。日本基督教会吉田教会、北辰教会の牧師時代を経て、一九一八年東京神学社の教授となった。その後一九二一年から一九二四年にかけてエディンバラ、オックスフォード、ケンブリッジなどに留学した。帰国後、大久保の自宅で教会(のちの戸山教会)の集会を開始し、一九二五年には植村の死を受けて、東京神学社神学校の校長に就任した。高倉の神学的な成熟は、決して多くはない彼の著作『恩寵の王国』(一九二一年)、『恩寵と真実』(一九二五年)、『恩寵と召命』(一九二六年)などによって、信仰上の成熟とほとんど軌を一にする仕方でうかがうことができる。それにしても日本キリスト教神学史の一頁を画するものとしては、それら諸著作よりはむしろ『福音的基督教』(一九二七年)を取り上げなければならないであろう。それは、高倉が四二歳の時の出版であり、成熟した高倉の信仰的・神学的主張を世に出したものと言い得るからである。

『福音的基督教』の成立事情はすでによく知られている。その序文の中で、高倉自身が断わっているように、「本書(『福音的基督教』)は今夏(一九二七(昭和二)年)軽井沢に開かれた、東京市内外キリスト教学生連合礼拝の継続運動である学生修養会と、また引き続いて行われた信州上高地における松本日本基督教会の修養会とでなした講演を訂正したものである」。この経過は、その前後の様子も含めて彼の比較的忠実に残された日記によってうかがうことができる。日記によると、学生修養会はその年の七月一九日から二三日にかけて行われ、松本教会の修養会は八月二日から五日にかけて行われた。これらが準備となっての執筆であったが、執筆自体は八月二二日の朝から始められ、ほぼ一週間後の同月三〇日には本文全体を書き終えている。書き始めの八月二二日の日記には「本朝より祈り求め心を清めて『福音的基督教とは何ぞや』の書物を書き始む」とあり、八月三一日には、朝、「序文」を書き、「とにかく短日月の間に之れを草し得たるは何とも感謝の他なきを覚ゆるなり」と記している。決して大作ではないが、「聖書とその神観」「基督論」「贖罪論」「信仰生活観」など、それぞれの部分が連日、一気呵成に書き上げられたわけである。

日記から分かることは、高倉の生活はとにかく多忙である。軽井沢での修養会と上高地の修養会の間の一週間にも、戸山教会での礼拝奉仕があり、それとは別に友人の死に遭い、その葬儀説教を担当し、ほぼ連日のように人と会っている。牧会的な奉仕と、日本基督教会の牧師たちとの相談、それに東京神学社の同僚たちとの語り合いなどである。その間に読書のことも記されているが、七月半ばにはE・ブルンナーの『宗教哲学』を読み、八月二〇日には「午前も午後も Althaus ――なかなか得るところあり、かくて凡ての点に於いて Dogmatics の考え方を深められたるなり」とある。それらはしかし特段『福音的基督教』の執筆のための研究ではない。『福音的基督教』の執筆内容については、すでに繰り返し熟考されてきたものを一気に書いたということであろう。

日記からうかがえることは、高倉の日記は一つの神学的テーマについてある期間、集中して研究し、著作する意味での神学研究者の日記と言うことはできないということである。高倉の日記にはまた、彼自身の研究計画や執筆や出版の計画など、まったく記されていない。そこからわれわれは、神学の研究と著述に没頭する人の生活を読み取るわけにはいかない。読み取れるのは、極めて多忙な伝道者・牧師の姿であり、その上で甚だ勉強意欲の旺盛な伝道者・牧師の姿である。その彼が学生修養会と教会修養会を機会として「福音的キリスト教」の特徴をめぐって、必要項目をまとめて語る機会を得た。これまでも幾度か語ってきたことでもあって、それを語り、そしてまとめて一気に執筆した。それが彼の主著『福音的基督教』であったと思われる。

佐藤敏夫は、高倉徳太郎の特徴を「求道的」であることに見て、基本的な自己形成の後にもさらに問題を追究していくところにあったと語る。そして高倉の神学に対する姿勢もまた求道的であったと言えるであろう。高倉の信仰的実存と神学的実存は一つである。その意味での信仰的・神学的な求道に完成はない。ただ一応の確立を語り得るのみである。そのような意味での高倉の確立、福音的信仰の確立が、『福音的基督教』に表現されている。(2)それだからこそまた、『福音的基督教』は佐藤敏夫のように好意を持った評者からも、「詳細な神学論議を展開している書物とは言えない」と率直に語られる。それはすでにこの書の執筆のされ方に現れているわけで、本書成立の「場」からして神学論議の詳細や緻密さを求めることはできない。それだけでなく、本書の成立の姿は、高倉徳太郎の神学上の営み全体に言い得ることでもあった。神学的主著によっても「詳細な神学論議の展開」に関わろうとしなかった性格は、著者高倉自身の使命の自覚と生活から来ているのであって、彼の全仕事について言えることと思われる。しかしまた、本書は熊野義孝のように厳しく批判的に語る評者の目にも、「いわゆる高倉神学の代表作」であり、「その当時、あれほど纏まった講義をわれわれはどこで聞きえたであろうか。その前時代にも、その後でも、あれと比肩しうるものは決して多くはないと思われる」[3]と語られる。全体を福音的キリスト教によって表現し、その中の必要項目をいくつか選択し、まとまった構成において描くという意味において、高倉はなお不足のあるものの、一つの教義学的著作を残した[4]。

3 『福音的基督教』についての同時代での評価

高倉徳太郎の評伝やその神学の評価について記した研究は少なくはない。小塩力、石原謙、熊野

(2) 佐藤敏夫『高倉徳太郎とその時代』(新教出版社、一九八三年)、九五頁。
(3) 熊野義孝『日本キリスト教神学思想史』三九四頁。
(4) 高倉自身、その不足を認識し、「ことに聖霊観、教会観、終末観については、僅かに言及したのみで、詳述しなかった。……相当に書き加えたいと願っている」と記した。『高倉徳太郎著作集』第二巻(新教出版社、一九六四年)、二八六頁。

義孝、桑田秀延、それに佐藤敏夫などを挙げることができる。しかし『福音的基督教』の神学史的な意味とその評価についてとなると、表現はごく限られているのが現実である。ここではまず、『福音的基督教』がその時代においてどう受け取られたかを問いたい。そのため、逢坂元吉郎と佐藤繁彦の反応について注目してみよう。

逢坂元吉郎による評価

『福音的基督教』が出版されたのは一九二七年の一〇月であったが、一か月後、早くも逢坂元吉郎は「高倉徳太郎著『福音的基督教』を読む」という批評文を『信仰の友』に掲載した。それは逢坂が大崎教会の牧会のかたわら、毎月一度発行していた彼の個人雑誌であった。逢坂は高倉より四歳年上で四七歳であった。この批評によって、逢坂の高倉に対する理解と評価がある程度明らかになるが、逢坂は同時に高倉評を通して彼自身を語らないわけにはいかなかった。逢坂元吉郎の神学思想の後年の特徴は、あの大患の経験（一九三四年）を通して実証された身体性の神学、それに伴った受肉と伝統の神学であり、それは主著『聖餐論』に結実した。そうした逢坂の特徴になった思想的展開はなお後年のことであるが、果たしてそれは大患の経験による突然的な変異であったのか、それともかねてより存在した逢坂の思想傾向の継承があり、その深化を表現したものであったのかという問いがある。逢坂晩年の思想とそれ以前の彼との関係を知る上でも、逢坂の高倉評は雄弁に語るところがある。二人はほぼ同時代の日本のキリスト者第二世代であっただけでなく、共に金沢の第四高等学校に過ごし、若き西田幾多郎との接触や参禅の経験を持った。そこから東京帝国大学に進学したのも同様であり、東京においては植村正久に導かれ、東大を中退し、東京神学社に学んだことも共通していた。二人の対比は日本プロテスタント神学史の第二世代の一頁を画すと言ってよい。

逢坂の批評文は、まず『福音的基督教』を「良書」として、その出版を祝賀し、感謝の辞を記している。翻訳書でなく、また海外の神学の影響は明らかであるとしても、それをよく咀嚼し、「一人格の主張」となって表れたからと逢坂は言う。しかもそれによってこれまでの著者高倉の主張がいよいよ「整ってきて」、「今まで転倒して見えていたものも、今は直立して見え出した」。「その左右両翼の陣立ても正々堂々としてはっきり表れてきた」と語る。逢坂の論旨は、具体的ではないが、しかし内容は判然としている。彼は、高倉の主張を一九二〇年代初頭のカール・バルトに重ね、「ドイツの危機神学の影響によるもの」と語り、「その骨子はドイツ神学である」と語った。これには『福音的基督教』の刊行の前年、大正一五(一九二六)年二月の『福音新報』に「神と世界との限界――カール・バルトの神学に就いて」という筆者不明の、恐らくは日本最初のバルト紹介が掲げられたが、逢坂はその論旨と重ねながら『福音的基督教』を理解したのではないかと推測される。

その上で逢坂は、高倉の問題の一つを「復古主義」にあり、「全くうしろ向き」なところにあると述べた。右記のバルト紹介文には、「彼〔バルト〕の神学はプロテスタント神学の原始的見地に還ったところのものであるに対し、宗教的浪漫派の旗頭であったシュライエルマッハーに於いて神学は、宗教意識の現象学又それ故に人性学となって了った」といった批評の言葉が見られる。逢坂はバルトと高倉のいずれも「復古主義」と呼んだが、その意味は、宗教改革者が唯一の権威で、「その後のプロテスタンティズムは何ら認められていない」ことによった。逢坂はさらにバルト神学においては「体験」が軽視されると指摘し、体験の軽視は、歴史的なものの軽視にもなると批判した。これを逢坂特有の表現によって「人と神とが相寄り、相扶け、相用いられて立憲的にその摂理の大方針が進められていく歴史は認められない」と語られる。これは人間に対して神が「絶対他者」である神概念を批判したものであるが、高倉の用語の中にも「絶対他者」なる神との表現があるのを見ての批判である。それゆえ高倉においても、教会史は軽視され、危機神学においてそうであるように、教会はただ「見えざる教会」のみとなると逢坂は批判した。神は汎神論を避けて超越神として語られるが、絶対他者なる神であっては人間に寄り添い、助け、そして人間を用いる神でなく、「抽象的神」が唱えられたことになると言う。そして危機神学のこのような特徴を逢坂は「反動神学」と呼び、「体験」と共に「宗教の情操」が否定されると批判した。

高倉はしばしば自己の周辺に「センチメンタル」な傾向を見て、それに対する批判を語ったが、それに対して逢坂はシュライアーアッハーの「感情」を弁護し、それが高倉が言うような「感傷的感情」ではなく、「相対的なものが絶対的なものに結びつく時における依存の形である」と語った。そしてシュライアーマッハーの「感情」とジョナサン・エドワーズの「情操」を結び合わせて、「キリストと教会を愛する強き忠誠の心は、深刻な情操でなくて何であろうか」と反論した。逢坂によって、高倉の主張は「鋭敏な理智」の論理ではあっても、宗教の現実を示すものではないと批判されたわけである。

こうして逢坂は明らかに高倉の中に一面的な純粋性を見て、それが単純性に陥る傾向があるのを警戒した。一面的な単純性は、高倉の場合「理智」の単純性である。これは「愚夫愚婦の信仰」を容れるものではないとも逢坂は語った。それでは「狭隘、潔癖、偏屈」と言うべきで、それに対して「寛大さ」を喪失して宗教的現実であることはできないと言う。そのような理知の狭さによって得られる民衆なきキリスト教は、逢坂にとっては不可能なものであった。

この批評文の中で読者の目を引くのは、第一に逢坂が高倉の主張を同時代のカール・バルトに重ねて、両者の類似性を批判の対象にしたことであろう。逢坂には、高倉の思想の「反動性」、「抽象性」、「理智性」は、当時のカール・バルトにおける「危機神学」と同類のものに思われた。高倉がその留学中、神学思想において影響を受けたのは、フォン・ヒューゲルであり、またトレルチであり、そしてフォーサイスであると三人の名を挙げて語られたことはよく知られている。やがてフォン・ヒューゲルの宗教性やトレルチの宗教・社会・歴史的文化性は姿を潜め、結局、高倉の神学思想は大筋で「新カルヴィニズム」（高倉の言い方では「カルヴィニスティック・エヴァンジェリカリズム」）の神学思想として、フォーサイスに一番親近性を見出したと思われる。もっともフォーサイスとの関係についてもどのように言うべきかは、なお課題としてあるとも言わなければならない。

それにしても、高倉が初期のバルト神学とどれだけ親密であったかはなお検証の課題であろう。

内実においては、それほどのものとは決して思われない。『福音的基督教』では、その序にいきなりブルンナー『体験・認識・信仰』からの引用が見られる。しかしバルトに対する言及は一言もない。それにもかかわらず、昭和二年頃の逢坂の目には、高倉とバルトが重なって見えた。佐藤繁彦の高倉批判もそうであった。昭和二年はすでに弁証法的神学が紹介され始め、流行の兆しを見せた。その時期、高倉は日本における弁証法的神学とバルト神学の紹介者として見られていたわけである。ただし、高倉自身は少なくとも当初、バルトよりもブルンナーに理解を寄せていた。いずれにしても高倉がすでに大正末期に東京神学社において弁証法的神学を紹介し、弁証法的神学の日本への流入に関わった嚆矢の一人に属したことは明らかである。このことは、高倉の探究的な姿勢、神学的な情報に対する敏感な行動があってのことである。その意味で高倉は非常な勉強家であったと言えるであろう。その様子はすでに『福音新報』を通して逢坂の耳に届いていたと思われる。

逢坂がまた社会倫理的な文脈での実践的働きに関心を向けていたことも、『福音的基督教』の高倉とは一つの距離をなした。ただし後年の逢坂を考えると、宗教改革より一層過去に遡った点で、彼こそ一層反動的とも言えなくはない。またその受肉の体と聖餐の思想、後の伝統の思想が教会史の権威を根拠づけるとしても、当初の社会性や倫理性とどう関係したかは明らかではない。この意味では、逢坂が後年の神学思想の展開に至る重大な機縁が後年の大患の経験にあったことは否定できないであろう。

いずれにせよ、後年の逢坂に至る一筋の脈絡はこの批評文の中を貫いている。その一つは「体験」の重視に見られ、また「愚夫愚婦の信仰」による「民衆」の重視を伴った「宗教の情操」の尊重であり、総じて「歴史的なもの」への注目である。体験は情操を伴い、全人的で、身体性を基盤とするという思想である。体験の体があってこその体験であり、実存が身体的であるとともに、集団的であること、そしてその体験の体があってこその歴史であるとの主張もすでにこの批評文を通して明らかである。このようにして高倉の純粋性における抽象性を衝いた中に、逢坂の神学思想が大患以前から持っていた基本的傾向が示されていると言い得るであろう。

佐藤繁彦による批判

佐藤繁彦は、高倉より二歳年少であるが、同じく植村の指導下に身を置いた秀才であった。ただし、佐藤の場合は、教会の背景から言って、高倉のように植村門下と言うわけにはいかないであろう。佐藤繁彦は第一高等学校在学中に海老名弾正から洗礼を受けた。東京帝国大学から京都帝国大学に移り、卒業後再び東京帝国大学大学院でルター研究を行い、それと同時に東京神学社に学び、日本基督教会の牧師になった。その佐藤が、『福音的基督教』が出版された年の秋（一一月）、「高倉君の神学的立場を難ず」という激烈とも言うべき一文を『福音新報』に投稿した。それは、残念ながら、『福音的基督教』の全貌を捉えての論評とは言えない。強いて言えばその第一項の「神観」、そしてわずかに第二項「キリスト観」に関係する内容のものではあったが、いずれにせよ佐藤の論点はただ一つ、佐藤繁彦自身の特徴を示す「信仰の確かさ」を問う信仰論的な関心からの高倉批判であった。(5)佐藤は、まず「高倉君の神学的立場については、以前から危うさを感じてゐた」と語り、その高倉が「如何にバルト一派の神学に影響されてゐるか」と難じた。(6)佐藤が問題にしたのは「活ける神」そして「活ける基督」の理解であり、高倉が神を「絶対他者」とし、「自我と自我ならざる絶対他者との距離を描く」点を問題とした。これを佐藤は、まさしくバルト的な誤りと断じて、逢坂がしたのと同様に非難した。佐藤によれば、「救いを与え給ふ神、大いなる憐憫の神」こそが「活ける神」であって、神はバルトの言う、いわゆる「絶対他者」ではないと主張した。またキリストについても、高倉には「史的のものを聖霊の助けによって現在のものにしやうとする態度〔があるが、それ〕は、活ける基督をも死せる基督として、聖霊の力によって我らの心に活かさせるかに見える。この態度は彼〔高倉〕の神学を決定する態度だ」と批判した。

　何が問題なのか。佐藤にとって決定的に重大なのは、「十字架に釘けられし基督が日々経験され得る実在」であることであった。彼自身にとって重大なこの信仰論的観点から、佐藤は『福音的基督教』において神を「絶対他者」と呼んだ高倉を初期バルトと結び合わせて非難したわけである。佐藤によれば、「活ける主を日々経験し得る意味に於いて、始めて主の十字架は、日々に、我らに経験される」のであり、「主の十字架は、聖霊云々には関係が無く、過去の事実であると共に、現在の事実であり、それは全く主が『活ける者』として我々の心に日々経験され給ふ事実に基づいて居る」。この「活けるキリスト」の信仰と経験から、佐藤は「高倉君の信仰及び思想には、かくの如き鮮明な意識が何処にも現れてゐない」と歯に衣着せぬやり方で非難した。

佐藤の高倉批判は、高倉の神学のみならず、その信仰を非難することになり、高倉の神信仰はキリスト教以前的なもの、つまりもっぱら超越的で非人間的なユダヤ教的なものとする批判であった。今日の人の目には、信仰に対する批判は、押しつけがましく非常識なものに思われるであろう。高倉自身もさすがに耐え難かったと思われる。高倉は直ちに『福音新報』誌上に「佐藤君に答ふ」と反論し、(7) その中で「他の『神学的立場』を論議する場合に、その人の信仰の内容までも軽率に憶測することを君は正しきことと思はるるや」と反論せざるを得なかった。佐藤繁彦の批判文には信仰論的観点からの批判として、神学批判が同時に信仰批判と分かち難く、またその論難に主体的な執拗さがまとわりついたように思われる。しかし神学において、敬意や同情を欠いて、その批判が実りあるものになることは稀であろう。

佐藤の批判点は既述したように「活ける神」「活ける基督」の現在的経験の主張にあり、そこから初期バルトの「絶対他者」としての神概念に対する批判、高倉をそれに従属するものと見ての批判であった。それともう一つ、佐藤繁彦には宗教改革者、特にルターとカルヴァンの理解をめぐっ

---

(5) 佐藤繁彦の信仰論的関心については熊野義孝による「佐藤繁彦と信仰論の企画」がある。熊野義孝『日本キリスト教神学思想史』(新教出版社、一九六八年)、四二七―四六二頁を参照。

(6) 佐藤繁彦「高倉君の神学的立場を難ず」(『福音新報』昭和二年一一月一七日号、五―九頁)。

(7) 『福音新報』昭和二年一二月一日号、五―六頁を参照。

てバルトに対する批判もあった。そこで併せて高倉のカルヴァン理解もバルトの影響下にあるものとして「疑無きを得ない」と批判した。その際、佐藤は、シュラッターやハイラーの初期バルト批判を援軍として用いた。

こうして佐藤繁彦の高倉批判は、『福音的基督教』に即しながらの批判というよりは、むしろ全体として印象批評に属するものになっている。その意味では論者の人柄や習性を表すものに堕し、学術的水準を持った高倉論とも、『福音的基督教』との対論とも言い難いように思われる。しかし高倉『福音的基督教』が出版された当時の読まれ方がどういう文脈によって規定されたか、その一例を示してはいるであろう。高倉が「自我ならざる絶対他者」を語り、「信仰は自我の危機を意味し」、「人性の絶望を意味する」と言えば、それでは「信仰は自己のうちに、自己を救ひ得る何ものもなきことを痛感せしむる」と見られ、「バルト一派の神学」に影響されていると見られることになった。「高倉君は、自我と自我ならざる絶対他者との距離を描いてをる」。「そして謂ふところの信仰、謂ふところの十字架のキリストが如何に主観的なるかを見よ」となじられた。

生けるキリストの臨在の現実をどう理解するかは、「現在のキリスト」あるいは「キリストの現在」を問う重大なテーマであることは明らかである。佐藤は高倉の中に「聖霊を借り来って、史的のものを、内的のもの、霊的のものにしやうとし、過去のものを現在のものとするために、如何に苦心してるかを到る處我らは看取し得るのである」と言う。そして「十字架に釘けられし基督が日々経験され得る実在なるを説き得ないのである」とも書いた。彼はまたすでに引用したように、

「史的のものを聖霊の助けによって現在のものにしやうとする態度は、活ける基督をも死せる基督として、聖霊の力によって我らの心に活かさせるかに見える。この態度は彼の神学を根本的に決定する態度だ」と語った。生けるキリストの実在をめぐって敬虔主義的現実観に捉えられていると批判される。しかし、この議論が当時の論争の中で決着を見たと言うことはできない。復活のキリストの臨在という実在問題、あるいは歴史のイエスと現在のキリストの同一性の問題と言ってもよいが、それはなお現代の問題でもある。いずれにせよ、佐藤繁彦の高倉批判からは、『福音的基督教』との実質的な対論を読み取ることはできない。佐藤の信仰論的対論や復活のキリストの現実理解の主張は、高倉『福音的基督教』の「キリスト論」の一部分を痛打してはいるが、その全貌に対する対論ではなかった。

4 『福音的基督教』の神学的な考察

高倉徳太郎が日本のプロテスタント・キリスト教の第二世代における代表的な指導者であったことは衆目の一致するところであり、同世代において際立った存在であったことは、上記の逢坂元吉郎と佐藤繁彦の文章からも読み取れるところである。しかし問題は、彼の代表作『福音的基督教』に、日本における神学、特に組織（系統）神学ないしは教義学の開始や展開を読み取ることができるかという問題である。以下、高倉『福音的基督教』の内容的な考察に踏み込まなければならない。

「福音的基督教」の定義とその神学的表現

高倉は、『福音的基督教』において「福音的」とか「福音主義」とは何かを明らかに語って、自己の福音主義の立場を「カルヴィニスティック・エヴァンジェリカリズム」と自称した。またその線で彼の神学の確立を図ったとも言えよう。この点は、植村正久以来の基本線に立ちながら、植村にない定義の明白化を図ったと言えるであろう。植村以来の基本線ということは、「福音主義」の神学を言う時、狭義に宗教改革の神学を追究するのでなく、一九世紀のイギリスの神学者R・W・デイルなどに表現された「福音主義」、そして基本的に万国福音同盟会の運動に現れた「福音主義」を継承したということである。このことは、高倉『福音的基督教』における聖書的キリスト教の強調や、そこで扱われた神学的主題の構成の仕方が「万国福音同盟会の九箇条」の内容に近似していることにも現れている(8)。

高倉において明らかになった植村の福音主義の理解との違いは、高倉が古カルヴィニズムの意味でなく、新カルヴィニズムの意味でカルヴァンへの接近を図った点であろう。植村においてはカルヴァンとの関係が強調されたということは言い得ないからである。むしろ、これは熊野義孝にも言えるが、植村はルターの方により一層の親しみを持っていたと言うべきであろう。文章や著作からそのように見える。高倉が追求すべき福音主義として「カルヴィニスティック・エヴァンジェリカリズム」と言い得たのは、植村のようにはもはや日本での神学的探究と教育の上で、宣教師の中にあったアメリカの南部長老主義の保守的カルヴィニズムにそれほど悩まされなくなっていたことと関係するであろう。さらに高倉は、その立場を当時のイギリス神学、特にP・T・フォーサイスの神学と結び合わせた。このフォーサイスに対する際立った評価も植村にはなかったもので、高倉の神学的特徴になった。もう一つ、植村にはなかったことであるが、高倉はそこからさらにドイツ語圏の神学状況との適応や関係を図った。高倉はフォーサイスやマッキントッシュとの親密な交流に立って、シュライアーマッハーからリッチュルに至る、さらにはヘルマンに至る自由主義神学を退け、弁証法的神学やその直前の時期のグライフスヴァルト学派のエリッヒ・シェーダーなどに厚意を示した。弁証法的神学とは言っても、高倉は初期のバルトに限定して影響を受け取ったわけではなかった。彼はむしろブルンナーに傾倒し、ゴーガルテンに興味を深くした。しかしそれにしても「福音主義的キリスト教神学」を心がけて、教会的実存に立ち、主観主義を排しながらも敬虔な福音主義のよきものを維持しようと心がけ、神学的世界の認識を広めて、ドイツ語圏の神学における新しい潮流に注目し、それに接近を図った。こうした努力の中で高倉の主著は、日本における指導的な教義学的神学書としてその後に長く影響を与え、教義学的な意味での標準的・基準的な神学の

---

(8) 佐藤敏夫『高倉徳太郎とその時代』(新教出版社、一九八三年)は、高倉の福音主義が一九世紀にロンドンで創立された万国福音同盟会の九箇条に示された福音主義と親近性があるものとして提示している(一〇一頁以下)。このことは高倉の『福音的基督教』にも当てはまるであろう。

役割を果たしたと言うことができよう。

「纏まった叙述」を与える使命

高倉『福音的基督教』は、一つのテーマや論点と取り組んだ個別的な研究書ではない。それはキリスト教信仰にとって主要な五つの主題にわたって福音主義の教義学的な神学的信仰理解を語ったものである。したがってそれは、「福音主義的なキリスト教神学」を全貌にわたって提示する試みであった。その内容は概して一般に理解を得る水準において展開されている。背景には学生修養会や教会修養会における教育や問題意識に対する適切な解答の必要があったわけで、それがこの書を可能にしたと共に、その内容を質と量との両面において拘束している。量から言えば、この先にさらに全貌にわたる努力を進めなければならないものであった。そのことは第三版の序に高倉自身が内容を増補したいとの願いを語っていることに明らかである。高倉は『福音的基督教』に記された中では、「聖霊論」「教会論」「終末論」について不十分であることを表明した。それらについては「僅かに言及したのみで、詳述しなかった」と述べている。これがなされれば、『福音的基督教』は一段と完成度を高めたであろう。

さらに『福音的基督教』の現状ですでにかなり語られてはいるが、「啓示」について、それと聖書との関係についての論述を一層明確化して、「序説」としてまとめ、「神論」と「創造論」とを別個に配置し、追究したならば、かなりの程度にまとまった教義学の全貌を記すことにもなったであろう。

ただし、成立の背景からして、教義学的な学術的探究、学的深化を図るという課題は、部分的にはうかがえるとしても、全体的には別課題であったと言わなければならない。高倉は学問的な意味も込めて探求的な人物であったことには疑いはないが、その主著である『福音的基督教』は学術的深化の方向を突き詰めた著作ではなかった。その方向に進むことを、その資質とは別に伝道者・牧師としての高倉は意図していなかったと思われる。彼自身の実存の自己理解は、教義学的探究の学術的深化に努めるよりも、むしろ現にある教会の中での教育的課題、伝道的課題の推進に努めることにより一層の力を傾ける方向にあった。

著作としての『福音的基督教』における神学状況

高倉の主著『福音的基督教』の一つの特徴は、海外の神学者から学び、咀嚼する理解力を十分に発揮しながら、自己の神学的立場を広義において表現したところにある。海外の神学者たちとの対論の概略はすでに概説的に言及した。しかし海外神学者らの諸説と対論し、それらを批判し、論破する仕方で深化させることは、なされてはいない。リッチュル神学に対する批判が語られ、M・ケーラーやP・T・フォーサイスに準ずる仕方で神の聖性や「聖なる愛」について言及されていることは明らかである。敬虔主義の主観主義に対しても批判的である。W・ヘルマンの「イエスの内的生」に対しても不十分と考えている。『福音的基督教』における高倉は、決して逢坂元吉郎や佐藤繁彦の目に映ったほどに、弁証法的神学一本槍ではない。カール・バルトに対する積極的な評価も別段明白ではない。弁証法的神学の中ではむしろE・ブルンナーが評価されている。ルターやカルヴァン、カール・ホルが引用され、M・ケーラーに対して肯定的で、とりわけH・R・マッキントッシュとP・T・フォーサイスとの親密な立場が明瞭に表明されている。

確かに「絶対他者」としての神概念は語られるが、とりわけ評価が高いのは、弁証法的神学者ではなく、マッキントッシュとフォーサイスである。ただしその関連でも、高倉には神学者間の討論を試み、優れた神学者との対論を通して自己の教説を展開するという課題認識は鮮明とは言えない。神学にはもちろん、教会における生の座に立って、教会の現実との取り組みが決定的に重大である。しかしそのことは、教会修養会や学生の研修会における指導の奉仕を神学成立の本来の場とすることではなく、その時代の第一級の神学的成果との取り組みを不可欠とするであろう。高倉は二〇世紀の二〇年代前半の神学に触れ、弁証法的神学の登場を特に初期のブルンナーとバルトの著作によって捉えていた。『福音的基督教』における言及と付された参考文献によれば、一方ではエリッヒ・シェーダーの神中心的神学に触れ、他方ではゴーガルテンやハイム、さらにはアルトハウスにも言及している。高倉はこの一連の名によるドイツ神学界の中に「福音的信仰の覚醒」を見て、英米の神学界にはこの運動がなお「見当たらない」ことを遺憾としながら、フォーサイスについて以下のように記した。「彼〔フォーサイス〕は近世の英米の神学界において孤立的な偉大なる地位を占めていると私は信ずる」。果たしてフォーサイスを孤立的と見ることが適切であるかどうかには疑問があるであろう。しかし、彼を優れた神学者と見なした判断は、それほど見当違いではなかったと思われる。(9) 実際、いろいろな箇所で高倉はフォーサイスから学び、その説を共有したと思われる。彼が繰り返し神を「聖なる父」と呼び、その「聖なる愛」について語ったのは、フォーサイスとの共通性に立ってのことと言ってよいであろう。

「福音的基督教」という仕方で自己の立場を鮮明に出し、高倉はイングランドやスコットランドの福音主義的神学を味方とも基盤ともして、その上でドイツ神学界の新たな福音的と見られる神学的潮流を歓迎した。こうした位置と構えをもって日本のキリスト教会の要求に従い、『福音的基督教』という、これだけまとまった講義を遂行することができた。それは、日本神学史において高倉徳太郎だけがなし得たことであろう。基本的には植村正久の信仰と神学の伝統を継承し、宗教改革者の見解に学び、フォーサイスを味方とし、ドイツ語圏神学の関連ではリッチュル学派を退け、グライフスヴァルト学派や弁証法的神学といった新潮流に適応した。その意味では、日本における伝

（9） これにはフォーサイスがまさしく「バルト以前のバルト」と言われたことによっても根拠のあること、という説明を加えることができるかもしれない。フォーサイスはしばしば「イギリスのバルト」（the English Barth）と言われたからである。それが一般にあるために、マクグラスは実は、「フォーサイスはイギリスのケーラー（the English Kähler）である」と論じて、その修正を図ろうとした。Alister E. McGrath, The Making of Modern German Christology, 1750-1990, Michigan 1987, 112.

道と教会形成の責任に応える福音主義の立場で、学問的水準を満たした神学的著作を記したと言い得るであろう。

5　『福音的基督教』における神学的討論の稀薄さ

桑田秀延は、日本神学史における高倉の意味を評価したが、それでも高倉にあっては「詳細な神学論は多く省略された」と書かざるを得なかった[10]。しかし、詳細な神学論を省略して神学の学的展開を遂行することは困難である。実際は、『福音的基督教』の叙述、特にそのキリスト論の叙述において、高倉は二点にわたって詳細な神学論に踏み込んでいる。一点は、史的イエスと生ける現在のキリストとの同一性の議論であり、もう一つは受肉のキリストにおけるケノーシスとプレローマの二つの運動の一致について語ったところである。後者の点において高倉は以下のように記した。「インカーネーションは神の独り子の神性が、その存在の方式を変え、アクチュアル（実際的）なものを、ポテンシャル（潜勢的）なものとしたととるべきである。それでイエス・キリストにおいてポテンシャルにあった永遠なる神性は、時間のうちにだんだんアクチュアルに回復せられてきたのである。それでインカーネーションは一面、神の自己制限と見られるけれども、また他方より見れば神の自己充実とも考えられる」[11]。この議論は、フォーサイスの The Person and the Place of Jesus Christ, 1909 の最終章の要旨を高倉なりにまとめた内容と思われる。また前者の史的イエスと現在のキリストとの同一性の議論は、高倉自身が断わっているように、H・R・マッキントッシュの書物から来ている。フォーサイスとマッキントッシュからの学びは、植村から神学的基本を継承した上で、高倉の神学思想の主柱を形成したものであった。

それにしても神学の本格的な探究を試みるのであれば、ここからが勝負で、影響を受けたうえでの対論を試み、できることならもう一段深めるなり、問題点を指摘するなりの努力が必要であったであろう。立場をまったく異にする者との対論は、神学的探究の歩みを深化させるものではない。

(10) 『桑田秀延全集』第三巻(キリスト新聞社、一九七五年)、三六八頁。桑田は高倉徳太郎をその師植村正久と比べて、「高倉氏の場合は何よりも神学者であったが、植村先生の場合は、神学者であるだけでなく、同時に牧師であり伝道者であり、また全体の教会の伝道の経綸に耐える慧眼なる政治家でもあった」(同、三六七頁)と語っている。しかし高倉の日記を見ると、「何よりも神学者」と言うべき人の記録を見ることはできない。神学のテーマを追究し、神学の著作を計画している人の日々の記録ではなく、何をおいても牧師であり、教会政治家ではないとしても、伝道者であった人の記録がそこには生き生きと記されている。『高倉徳太郎日記』(秋山憲兄編、新教出版社、二〇一四年)を参照。しかし同時に、この人が神学に対する敏感さと熱意を持っていたことも明らかに読み取れる。そのことはまた彼の蔵書も示している。そこには、後の注14の書なども含まれている。

(11) 『高倉徳太郎著作集』第二巻、三六四頁。

しかし類似の関心や同じ神学姿勢にある先輩や同僚との対論は、自らの神学的探究を深め、自己の神学的主張をさらに正確化させるであろう。高倉の場合、その討論はフォーサイスやマッキントッシュ、それにエリッヒ・シェーダーや弁証法的神学とその周辺の人々との関係において交わされてしかるべきであったであろう。しかしそれを高倉は彼自身の仕事とは考えなかったように見える。

神学的探究の深化を図るためには、「神学の座」そのものがなお未成熟であったと言うべきかもしれない。キリスト者学生修養会や教会修養会を「場」としての教養学の展開は、福音主義の神学にとって当然の伝道的、教会的な基盤の意味を持つ。しかしそこに神学を錬磨し形成する基盤があると直ちに言えるものではない。神学的探究の観点では、むしろ明らかに限界があった。教会の学としての神学の座は、いつでも求道者やさまざまな教会員との交流を踏まえ、それらを包んでいなければならない。しかし同時にそれは、伝道者・牧師としての探究的実存の場として、教職者の自己錬磨と教職者間の交わりにおける神学的共同検証の場を意味しなければならないであろう。あるいはまた将来の伝道者の育成のため、つまりは神学生の教育や訓練を課題とする神学校の成熟した場があれば、なお幸いである。しかしその幸いを得ないとしても、同時代の海外の神学する者たちとの対論に神学的共同検証の場を求めることはできよう。さらに言えば、伝道者・牧師として神学的探究の中に置かれた自己自身が自らの対論の相手とも言えよう。自らの挑戦と探究を欠いて神学的探究は、当然、一人前のものと言うことはできない。こうして海外からの一方的な流入に服するだけでなく、またその流入に対し、単に賛成か反対かを表明するだけでもない道が切り開かれる。

当時の高倉の周辺の神学事情も、その探究に入っていくことを、実際は求めていたのではないかと思われる。

しかし結局のところ高倉は、フォーサイスやマッキントッシュから学びはしたが、彼らとの神学的対論には入らなかった。例えば彼の贖罪論についてそう考えさせられる。『福音的基督教』においてその「核心」がどこにあるかと問えば、それは「キリストとその十字架による無比なる贖罪的真理」にあるとは、高倉自身が主張したことであった。[12] したがって高倉がフォーサイスの神学と最も格闘を深めて然るべきは、その贖罪論においてであろうと、誰もが予想するであろう。しかし事実はそうなっていない。高倉は彼の贖罪論においてどこまでフォーサイスとの対論を極めたのか、まったく不明である。高倉自身の贖罪論の叙述の中にフォーサイス的な契機はまったくと言ってよいほど含まれていないからである。無理に言えば、贖罪論と倫理の積極的な関係樹立を語る点などで、両者は類似していると言い得る。しかしフォーサイスの贖罪論の肝心の特徴について、高倉の贖罪論の記述は、まったく触れていないのが実情である。

フォーサイスの贖罪論と言えば、The Work of Christ, 1910 によって明らかであり、彼は一筋だけの贖罪論でなく、「勝利説」と「充足説」と「感化説」を統合する試みをなした。そのため彼はわざわざ「三つよりのコード」と名付けたほどであった。しかしその中でも「充足説」の継承を中心

---

(12) 前掲書、二八五頁。

に置いて、彼の独特な「聖性の告白」をもって充足を主張したところにフォーサイス贖罪論の特質があると言うことができよう。しかし高倉の贖罪論は、「刑罰代償説」を語って、フォーサイスとはまったく似たところがない。この点で高倉自身の贖罪論は植村からの継承の線を基本にしていると言ってよいであろう。それも植村が語った「円満な贖罪論」、つまり贖罪論のさまざまな契機をなるべく包括した贖罪論とは言えないものであった。植村は感化説にもよいものとそうでないものがあると言い、よき感化説は取り入れると語った。しかし高倉はその要素をむしろ希薄にした。したがって、一層はっきりした「刑罰代償説」の贖罪論に立ったわけである。

フォーサイスの場合は、同時代のジェームズ・デニーと相違して「代理的贖罪論」を採らず、キリストの人性による人間との連帯性を根拠にして「代表的贖罪論」を主張した。この意味では、フォーサイスは明確にアンセルムスのキリストの人性を強調した「充足説」の線上にあり続けたわけである。高倉は彼自身としてはキリストによる「代理」の方を採用して、代表説を採ったフォーサイスとは明らかに異なっていた。しかし、この点でも高倉にフォーサイスとの対論の経緯を見ることはできない。高倉の贖罪論は結果として、植村のそれから包括的な探究を欠いたものになった。「神御自身の十字架」(13)といった高倉の表現も、フォーサイスではなく、植村を継承したものである。(14)

いずれにせよ高倉の『福音的基督教』の核心部分に、結果としてフォーサイスの影響は見られないと言わなければならないであろう。それなら当然、その核心部分においてフォーサイスの贖罪論に対する批判があってもよかったであろう。なければならなかったのではないか。しかし遺憾ながら、われわれはそれを見出すことができない。高倉は関心を共有し類似の立場に立つ先人や同僚との対論を通して自説の展開を進展させる意欲と責任とをそれほど懐いてはいなかったと言わなければならない。もしこうした論点をめぐって、高倉が自ら尊重したフォーサイスとの対論を図ったならば、彼自身の神学形成、その明確化や深まりのためにきわめて有益であったに違いないと思われる。しかしそれに及ばなかったところに、高倉における教義学の確立や展開を語る上でのいま一つ不十分な印象を与える結果になった。

こうした問題は今日の目から見ると、他にもあって、聖書と啓示の関係理解についてもそうで、主題をもう少し詳細に詰める必要があったであろう。高倉は聖書を「神の言葉」として「聖書における啓示」を語ったが、彼は同時に「史的キリストの啓示」を明白に主張した。この「聖書におけ

---

(13) 前掲書、三八九頁。

(14) 「十字架の神学」について、高倉の蔵書には、東京神学大学図書館高倉文庫に収められているB. Steffen, Das Dogma vom Kreuz. Beitrag zu einer staurozentrischen Theologie, Güterslob 1920 が含まれていた。この書は、やがて五〇年後にヘルベルト・ミューレンによって掘り起こされ、モルトマンやユンゲルによって「十字架の神学」の先達として引用された。高倉はこれを入手していた。しかし読んではいなかった。そう判断するのは、高倉文庫所蔵のこの袋とじの書にペイパーナイフの入れた後はなかったからである。

る啓示」と「史的キリストの啓示」の関係は、当然、歴史のキリストにおける啓示が優位することは、その究極性においても基盤性においても明らかで、問題はその「史的キリストの啓示」に対して「聖書の啓示」がどう成立し、またどう関与するかである。しかし、高倉の叙述はいま一つ明確さを欠いたままである。

もう一つ、佐藤繁彦が批判した「活けるキリスト」の現在についても、やはり不明確な性格が残されていたように思われる。高倉はキリストの現在を語りながら、佐藤が批判した「聖霊」への言及を行っている。以下のような一文である。「彼〔イエス・キリスト〕が復活し神の右に挙げられたればこそ、彼を単なる歴史上の人格としてでなく、現存する人格として経験せらるのである。しかも復活し昇天せしキリストは決して史的キリストと離して考えられてはならない」。高倉はそのように語って、「神の言葉なる史的キリストになかだちせられて、聖霊によって、我らは活けるキリストを経験するのである(15)」と述べた。この高倉の「活けるキリストの経験」は、佐藤繁彦の言う「十字架に釘けられし基督が日々経験され得る実在」であるとの主張に及ばないと非難された。しかし高倉が言うように、十字架に釘けられたキリストが今日の実在であることは、復活者キリスト・神の右に座すキリストとの同一性によることであり、またその生けるキリストの実在が日々経験されるのは聖霊によってであることも、正当な教義学的主張である。問題は、キリストの現在的実在とその日毎の経験を語りながら、キリストの実在こそが決定的な現実であるとの認識があることである。キリストの実在そのものは聖霊に依存するわけではない。依存を言うなら、相互依存が語られなければならない。「聖霊によって」はキリストの現在的実在そのものにではなく、「経験される」にかかる。しかし、高倉の表現では「実在」と「経験」の秩序が不明である。この問題は論じ進めば、三位一体、啓示の認識、聖霊の働きなどをさらに詳細に明らかにする道を要求する。そこを高倉の『福音的基督教』がまだ詳細に明確化していないのは明らかである。ただしそれを非難するのは、一冊の著作としての全体的整合性を顧慮すれば不当な要求になるであろう。その部分だけでなく、全体的な整合性をもって、できれば均質な仕方での詳細な明確化が求められるからである。

その他、高倉はその主著において「十字架と神の国の関係」や「十字架と教会の関係」、さらに「教会と神の国の関係」についても、端緒的に言及した。これらは現代においてもさらに教義学的解明を待っている諸主題であり、高倉も彼なりに解決を予想しつつ語っていた。しかしなお学的に十分な出題と、教義学的扱いの展開が期待され、詳細な考察の下での解決が示されることが願わしかった。高倉自身が宿題として示唆的に残した主題は多くあったと言わなければならない。その意味では、高倉徳太郎『福音的基督教』は隠された仕方ではあっても、第二世代における日本神学史の開始の教義学的著作であったと言うことができよう。

（15）『高倉徳太郎著作集』第二巻、三五八頁以下。

第三章　「弁証法的神学」の流入とその意味

1

「弁証法的神学」と言えば、一般にはドイツ語圏の一九二〇年代の神学的運動を意味し、カール・バルト、エーミル・ブルンナー、ルドルフ・ブルトマン、フリードリッヒ・ゴーガルテンなど、一九世紀の自由主義的神学・近代的学問的神学と決別した一群の人々によって推進された神学運動である。それは雑誌『時の間』(Zwischen den Zeiten) を共通の発言の舞台として展開された。さらに厳密化して、この運動がいつ、誰によって開始されたかと問えば、これら代表的な人々の神学的な歩みを個々に検討しなければならないが、ここでの主題はそれとは別である。

通常、この運動の代表者と目されるカール・バルトに注目すると、彼の『ロマ書』第一版(一九一九年)から開始したというよりも、むしろそこにおいて示された「陣地」を「大転換」し、全面的に書き換えた第二版(一九二二年)が、この運動の代表的な開始の号砲であったと言うことができよう。この第二版の序文において、バルトは「主題的事実の内面的な弁証法」は実は彼自身の

「思惟方式」（System）ではないかとの批判に対し、「もし私が『方式』なるものを持っているとすれば、それは、私がキェルケゴールのいわゆる時間と永遠との『無限の質的差異』なるものの否定的および肯定的な意味をあくまでも固守した、ということである」と語った。そこからカール・バルトを先頭にした一群の人々に共通の神学的志向を認識して、キェルケゴールの逆説的弁証法から「弁証法的神学」と呼ばれるようになった。

2

ここでの問題は、この「弁証法的神学」がいつ頃日本に流入し、またそれが日本キリスト教神学史においていかなる意味を持ったかという問題である。新しい神学運動の流入と言えば、通常、まずその運動の祖国における活動の紹介や報告がなされ、その運動を担う著作が翻訳され、あるいはさらに一歩深めた内容の論述があり、さらにはその運動の意味や限界についての考察、そしてその克服の試み等に向かうといったことが考えられよう。実際、弁証法的神学の場合も、まずは紹介がなされ、続いて翻訳や論述がなされた。日本におけるその流入の担い手の一人であった熊野義孝によると、まず大正一三、一四（一九二四、二五）年頃、高倉徳太郎が「主としてブルンナーとバルトのことを言葉で紹介していた」[1]と言う。その上で熊野は「その魂において、その行動において、氏〔高倉〕がこの新しい神学運動に幾多の類似点を見出し共鳴を感ぜられたことは事実であろう」と語り、「弁証法的神学が、いわば気分的にわれわれの国に迎え入れられるために、高倉氏の努力は最初の道を拓いたものと言わなければならない」と記している。「気分的に」ということは、正確な意味や限界を学術的に究明してということではないことを意味する。しかし、雰囲気として同感の思いの内に高倉によって弁証法的神学、特にブルンナーとバルトのそれが紹介されたと言う。その様子は一種、事件めいた雰囲気で受け取られたふしもあり、逢坂元吉郎も佐藤繁彦も高倉がバルトの影響下に立ったと受け取って、その神観、「絶対他者」としての神理解を「基督教以前のもの」、つまりは律法的、あるいはユダヤ教的強調への回帰として批判した。これに対して、高倉も「バルトの如く極端に走り、人をして危からしむるものもあるのである」と応じて、「余は彼等のうちでブルンネルに負うところがあると思ふ」と語り、「余は彼等のみの著書を推薦しては居ない」とも述べた。

これに加えて、高倉は東京神学社における演習にはむしろエリッヒ・シェーダーの『神中心的神学』を用いていると応じている。(2) 学生指導上、自由主義神学の神学的文献ではなく、さりとて一

(1)『熊野義孝全集』第一一巻(新教出版社、一九七九年)、一二三頁。秋山憲兄編『高倉徳太郎日記』には大正一四(一九二四)年一〇月以降、翌年にかけてブルンナーの読書が記され、大正一五年八月にはバルトを読んでいる様子がうかがえる。

(2)『福音新報』(昭和二年一二月一日号)に掲載された高倉徳太郎の文章「佐藤君に答ふ」を参照。

気に弁証法的神学へと転じるのでもなく、グライフスヴァルト派の敬虔主義的なＥ・シェーダーの文献による演習を試みたといったことは、高倉徳太郎の見識ある判断を示していると言い得るであろう。日本における弁証法的神学の学術的な扱いにはなお暫くの時間が必要であった。

熊野義孝自身の『弁証法的神学概論』（一九三二年）が世に出たのは、それから数年後のことであった。これには桑田秀延『弁証法的神学』（一九三三年）が続き、さらには菅円吉『宗教復興』『現代の宗教哲学』（いずれも一九三四年）などが続いた。つまり、「弁証法的神学」の日本への流入は、最も早くて大正末期、そこから昭和一桁の年代の一〇年間のことになる。(3)

この流入の経緯からすると、はじめはカール・バルトの神学よりは、むしろエーミル・ブルンナーの書が先行して受容されたことが見て取れる。ブルンナーの『体験・認識・信仰』（一九二一年）や『哲学と啓示』（一九二五年）が主要文献となり、それに続いてバルトとゴーガルテンの諸論文に関心が寄せられた。これは高倉徳太郎の場合もそうであったし、熊野義孝の場合もそうであった。昭和一〇年代に入り、バルトとブルンナーの違いが自然神学をめぐって明らかになって以後、またバルト『教会教義学』が読まれ始めて、次第に日本における弁証法的神学の影響はバルト神学の影響へと移行していった。著作としては、菅円吉『バルト神学』（昭和一四年）、桑田秀延『基督教神学概論』（昭和一六年）には、カール・バルトの影響が明らかであり、さらにはより若い世代、福田正俊（『恩寵の秩序』昭和一〇年）、滝沢克己（『カール・バルト研究』昭和一六年）、山本和（『政治と宗教』昭和二三年）等もバルトの圧倒的な影響下に立った。その影響は基本的に佐藤敏夫とその世代、さらにその後にまで継続している。この影響はまた、一九六〇年代の井上良雄によるバルト『教会教義学』中の「和解論」の翻訳から一九八〇年代の吉永正義によるその他の『教会教義学』の全訳にも現れている。

熊野義孝を見ると、『終末論と歴史哲学』（一九三三年）ではまだゴーガルテンへの関心が語られているが、その後カール・バルトの『教会教義学』の出版が膨大な質と量において進行するにつれて、バルトの扱いが格別になり、熊野義孝『教義学』（全三巻、一九五四―一九六五年）では、彼独自の神学的展開を表現しながらも、影響としてはバルト『教会教義学』の影響が例外的に圧倒的な位置を占めていると言ってよいであろう。

3

弁証法的神学は、また、「危機の神学」とも言われ、「神の言葉の神学」とも言われる。弁証法的神学ないし危機の神学は、既述した四名を代表的とする一群の共同の神学運動であったが、やがて一九二〇年代末期には分裂した。一つには、バルトとゴーガルテンの間で、キェルケゴールの影響

(3) 弁証法的神学やカール・バルトの日本における影響については、佐藤敏夫『日本のキリスト教と神学』（日本基督教団出版局、一九六八年）、九〇頁以下を参照。

や実存論的人間学が神学に対して持つ意味の評価をめぐって相違が明らかになった。またもう一つはバルトとブルンナーの間の自然神学論争であり、またそれらの背後にあったナチズムやドイツ・キリスト者に対する対応の仕方が大きな問題になった。これらの対立によって、弁証法的神学の共同活動の舞台であった神学雑誌『時の間』(Zwischen den Zeiten) の刊行は不可能となり、弁証法的神学としての神学的共同活動は終わりを迎えた。しかし「神の言葉の神学」としては、その後のバルトにも、またルドルフ・ブルトマンにも、その内容は異なりながら、継続したと言わなければならない。「神の言葉の神学」という呼称は弁証法的神学とは別のもっと広く、そして根本的な意味合いで使用されたわけである。

しかし、こうしたヨーロッパにおける弁証法的神学内の諸対立は、日本の神学徒にとってはまだなお遠い話であった。日本における弁証法的神学の流入は、当初のブルンナーを主にした理解から、やがてバルトの『教会教義学』の影響下に赴くという移行を辿り、自然神学論争もバルトによるより純粋な福音の探究の勝利のように受け取られ、それらの論争の背景にはドイツ・キリスト者との戦いという問題があったことなどは、ほとんど注意されることはなかった。弁証法的神学の内部に当初からあった関心や傾向の差異も、日本における流入期にはとても注意を向ける神学的要件にはならなかったようである。いずれにしても弁証法的神学の流入を受け止めたのは、高倉徳太郎のような日本のキリスト教第二世代の中の例外的存在と、多くはその後の第三世代であった。

4

それではこの流入の意味は何か、それも日本キリスト教神学史にとっての意味が問題である。これにはいくつかの点を指摘しなくてはならないであろう。まず第一には、弁証法的神学によって日本のキリスト者は、概して、およそキリスト教とは何か、福音とは何か、その深い真理に触れたと言うことができよう。神概念や福音の理解が、この運動によって従来とは異なる仕方で、文化や宗教とも、また倫理とも区別される仕方で、超越的で、より純粋な仕方で、かつまた一層の深みある次元において理解されるようになった。キリスト教そのものがこの運動によって、従来のいわばキリスト教的な色彩を帯びた文化現象や倫理的現象、あるいは宗教的な着色を持った精神文化としてのキリスト教ではなく、もっと「純粋なキリスト教」「純粋な福音」を学ぶ経験となった。これによって従来にはなかった真に聖書的であること、そして真のキリスト教信仰とは何かを深められて学ぶことができたとも言い得るであろう。それ以前の主としてアメリカからの宣教師たちから学んだキリスト教は、どことなくアメリカのカントリーやタウンにおけるアメリカ文化的なキリスト教、そしてまた堅実ではあるが倫理道徳的なキリスト教が大勢であった。弁証法的神学からは、それらと異なって、純粋に超越的で聖書的なキリスト教を学んだという意識が与えられたと思われる。弁証法的神学による超越者の理解、その啓示の理解によって、それまで宣教師から学んだキリスト教とは異なる、断然深みのある聖書的キリスト教の神理解や福音理解が学ばれたわけである。

　第二には、もう少し例外的な人々として、一九世紀のドイツを起源とした自由主義神学を学問として学んできた人々がいた。彼らの中には、弁証法的神学の流入によって自由主義神学における歴史主義や宗教的心理学、あるいは人間学的傾向や倫理主義とは違う神学として、むしろ預言者的、宗教改革的な福音主義的神学を示されたという面があった。弁証法的神学によってはじめて本格的な神学を知ったということである。その結果、桑田秀延に典型的に見られたように、弁証法的神学との出会いは、自分の学んだそれ以前の神学からの一種の回心として経験されることになった。つまり、第一の意味では弁証法的神学によって一般に深く正しいキリスト教の信仰とその真理を学んだのに対し、第二の意味では自由主義神学の神学とは異なり、また日本における弁証法的神学の流入の直前に短期的に見られたＳＣＭ運動とも異なる、正しい意味での真の神学を弁証法的神学から学んだという意識が持たれたわけである。この流れでは、弁証法的神学は、福音的でありかつ宗教改革的、そして新約聖書的であり、真の意味で学術的でもあると解釈された。「福音」「宗教改革」「新約聖書」、それに「弁証法的神学」、これらそれぞれは実は事柄において互いに関連があるとしても、まったく同一視できるものではない。しかしそれらが、およそ別々の事柄であることも意識から飛んで、それらすべてが一連のものとして、時には一緒くたにされる趣があった。

　キリスト教神学の学問的展開に注目するならば、日本において神学諸科が学問的な表現をとって確立したのは概して日本のキリスト者第二世代からであった。すでに記述したことであるが、最も早くは、波多野精一で、その学問的成果は、原始キリスト教の研究と彼自身の宗教哲学の中に示されている。続いて旧約聖書神学に携わった渡辺善太や浅野順一、キリスト教史における石原謙、新約聖書神学の山谷省吾などが挙げられ得るであろう。それらと異なり、ここでの問題は教義学・組織神学であるが、高倉徳太郎や逢坂元吉郎、あるいは大塚節治が第二世代としていたと言い得るであろう。しかし日本における教義学・組織神学の学的な確立は、他の神学諸科に比して、若干の遅れを見せたと言わなければならない。この経過の中で弁証法的神学の流入は、日本における教義学・組織神学の学問的確立や展開に刺激を与えたことは、事実として言い得るであろう。日本におけるキリスト教神学が、学術性において他に劣らぬ概念や思惟を伴っておよそ学問として出発したのは、弁証法的神学の流入によってであった。これが弁証法的神学の流入の第三の意味である。

弁証法的神学は一般に、純粋な福音の真理を伝えると共に、研究者にはキリスト教信仰の奥深い真理に対する学術的取り組みの可能性を示した。端的に言って、弁証法的神学によっておよそ神学というものを学ぶということがなされたのではないか。それが第二世代にその端緒が見られ、さらにその後に本格的に探求されたと言ってよいであろう。

第四に言えることは、日本神学史にとっての意味であるが、日本の神学徒が神学・教義学を学問として学んだのは、弁証法的神学の流入の経過の内にやがてカール・バルトの『教会教義学』を知ることによってであった。この第四の意味を身に刻んだのは、熊野義孝と桑田秀延ということになるが、それ以外にも多くの同時代人がおり、さらにはその後の戦後世代の中にカール・バルトによって神学を学んだ神学徒は多いと思われる。そうなると日本における学問としての神学・教義学の確立もそこに見られたことになる。

しかし同時に、ただバルト神学の学術性に学んだだけでは日本における神学の確立にはならないのでないかという問いも生じる。神学の確立ということは、ただ他者の学問に学び、その学問的姿勢に追従するだけでなく、いかに独立の姿勢をもってそれに対応するかということが問われる。それに応えなければ、とてもその学問が確立したと言うことはできないであろう。

5

以上の四つの観点を、具体的な人と重ねてみると、そこには先駆的な位置に立つ高倉と、年若い熊野や桑田との違いも明らかになる。高倉には第一の意味（福音や信仰、およそキリスト教を学んだという意味）と第二の意味（ドイツの自由主義神学からの解放の意味）が当てはまるとしても、その内容や程度においては高倉の場合は明らかに桑田とは異なる。高倉は、かねてより、植村正久を師としてそのキリスト教理解や福音の理解から学んでいる。この点は熊野も同様である。植村はイギリスの福音主義神学と軌を一にした。それは一九世紀ドイツの自由主義神学とは大きな差の中にあった。高倉は特に、リッチュルのもとに留学しながらリッチュルに対して批判的でもあったフォーサイスに学び、キリスト教の信仰と福音の理解を深めた。これらの意味において、高倉には神学に携わる信仰者の実存についてバルト神学の影響によって「回心」する必要はなかった。もともと植村正久以来の福音的信仰に育ち、イングランドやスコットランドの神学に親しんだ高倉は、いわゆる一九世紀ドイツの学問的神学・自由主義神学の徒であったことはなかったからである。

日本神学校のある日の礼拝において、弁証法的神学によって学問的な回心の決意をした桑田秀延が、涙ながらに回心の告白をしたのに対し、フロアで聞いていた高倉が壇上に登って桑田と抱き合ったという光景は、桑田には弁証法的神学による自由主義神学やリッチュル神学からの回心という弁証法的神学の第二の意味が痛烈にあったことを意味する。

高倉は日本におけるほとんど最初の弁証法的神学の紹介者であったが、しかし彼の中に第三の意味（弁証法的神学の流入によって学的確立を見た意味）を見出すことはできない。高倉に関して弁証法的神学やカール・バルトから学問としての神学・教義学を学んだと言うことは、神を「絶対他者」と呼んだところに指摘されることがあるが、神学の内容については指摘できないのではないか。彼が学問的に親しんだのはフォーサイス、あるいはH・R・マッキントッシュであった。『福音的基督教』の神学的内容は、バルトでもブルンナーでもなかったということである。

6

ところで、弁証法的神学の日本における流入がもたらしたものとしてさらに第五の意味を加えなければならない。弁証法的神学、そしてカール・バルトの神学も、自由主義神学を批判しただけでなく、一九世紀末と第一次世界大戦の中に行き詰まり感を顕わにした「近代的文化」、あるいは「市民的文化・文明」とその「近代社会」に対し、神学的拒否を明らかにした。詳しく言えば、弁証法的神学の代表的な担い手たちの中には、近代文化や近代市民社会を批判したマルクス主義的社会主義や宗教的社会主義に賛同し、一度はその中に身を置いた人々が多かった。そしてその宗教的社会主義をさらに否定して、超越的な神の啓示の言葉に聞く神学へと突き進んだわけである。そこから由来することは、この神学における「対近代文化問題」をどう抱え続けるか、あるいはどう処理するかという問題があった。それはまた、宗教的社会主義の提起した問いの扱いをどうするかという問題も含んでいた。

この関連で、日本における弁証法的神学の流入を契機として形成された神学は、宿命的に二つの問題を負ったのではないか。一つは、日本における近代や近代化、さらには世界の歴史における近代文化や近代世界にどう対処するかという神学における近代文化解釈の問題を曖昧にしたという点である。それと共にもう一つには、その実践として、とりわけ社会倫理、国家や世界の聖化の問題、教会の世界政策の問題をどう立てるかという問題がある。概括してこのどちらの問題についても適切な神学的対応が取られたとは言い難い。いわば、「没近代化」、「無国家論」の神学に傾斜したのではないか。日本キリスト教神学、ないし神学思想史の観点から言えば、第一世代の植村の「社会の木鐸」の課題意識や小崎弘道の「政教論の神学」の苦心に連なるものはもっぱら喪失の運命に置かれた。

弁証法的神学の流入が昭和初頭のＳＣＭ運動に取って替わったということは、何の問題もないことであったのであろうか。むしろ弁証法的神学それ自体の弱点が現れ出たのではないか。日本の近代化のまさに屈折したあの時代、つまりまったく非近代的、前近代的な国家、社会、文化でありながら、「近代の超克」を語ったあの時代に、弁証法的神学の流入を経験したことは、決して幸いなことばかりではなかったように思われる。

7

そもそもカール・バルトはマールブルクのヘルマンから弁証法的神学へと飛躍したとき、ドイツにあって近代化をめぐって格闘したハイデルベルクの一連の思想家たちの働きをほとんどまったくと言ってよいほどに無視した。ゲオルク・イェリネックの近代の人権の法制史をめぐるプロテスタント的起源の研究、あるいはマックス・ヴェーバーとエルンスト・トレルチによる近代の政治経済あるいは社会教説をめぐるプロテスタント研究といった問題である。トレルチによれば「近代の最善」は「自由と人権」である。それによれば、自由と人権にはプロテスタンティズムの中に歴史的な根がある。少なくともそこには親和的な関連がある。指摘されたのは、ヨーロッパ大陸的というより、むしろアングロ・アメリカ的なプロテスタンティズムと近代との親密な関連があって、ヨーロッパ的近代とアングロ・アメリカ的近代をどう総合するかという思想的、また社会的な格闘があった。この格闘に弁証法的神学もその後のカール・バルトも一切興味を示すことはなかった。しかし弁証法的神学が批判した近代は、アングロ・サクソンのプロテスタント的近代ではなく、旧大陸的な脱キリスト教的な近代であった。

ところで、日本における弁証法的神学の流入期に日本の近代化はその屈折を大きくした。日本の近代化の歩みはもちろん一筆で描き得るものではない。しかし概略を言えば、明治前半の近代化推進期において、すでに上からの近代化であったのみならず、「王政復古」という逆向きの志向を抱えながらの「文明開化」であり、「和魂洋才」を謳い文句としたように、現代に至るまでその後の近代化を深く規定し続ける「蹉跌」含みの前進であった。それが日清戦争以後、国家主義的な閉塞体制を硬化させた。「大正デモクラシー」が語られる暫時開放の時はあったが、大正末期から昭和にかけて、「治安維持法」の成立が示したように、弁証法的神学の流入期には日本の近代化の屈折は否定しようのない挫折へと旋回していった。やがて「近代の超克」が知識人たちの合言葉になる仕方で、「前近代的日本」の中での「近代拒否」が歴然としてくる。キリスト教界における弁証法的神学の流入は、この近代化問題については、教会外の社会にある反近代の空気に神学的に適応することを可能にしたのではないか。弁証法的神学やカール・バルトが、近代神学を批判し、キリスト教的近代文化や近代市民社会を拒否することは、日本の知識層における近代の超克に対して、ほとんど抵抗なしに順応できる道であった。ドイツの近代的神学批判が、英米における近代化と敵対する日本に流入する中で、誰が近代を擁護できたであろうか。歴史のアイロニーが働いたと言わなければならない。

植村正久には日本の近代化に対する推進意志が歴然として存在していた。彼はその点で進歩史観を抱いていたし、明治維新後の日本がそこに留まろうとし、またそこに逆行しようとした前近代的な日本をさらに維新していくことが生涯の姿勢であったと言ってよい。しかし、第二世代の誰がその志を継承したであろうか。それができる状況ではなかったということも言い得る。しかしその状況的な違和感を誰が抱いていたかが問題である。弁証法的神学とカール・バルトの神学では、とても反動的社会の中での近代化を支える神学にはならなかった。そのことをいったい、誰が意識していたであろうか。「弁証法的神学」や「神の言葉の神学」によっては、かえって「近代の超克」に同調しかねなかったのではないか。アングロ・アメリカと異なるヨーロッパ大陸の国々において近代経験がいかなるものであったかはすでに問題であるが、よしんばそこでの近代批判をある面、近代を経験したうえでの近代批判とすれば、それに対して近代をほとんど経験したことがなく、いわゆる「一周遅れ」の状態での日本人の近代批判に同調するならば、滑稽な姿を呈したと言わなければならないのではないか。そういう危惧が抱かれてならない。

この問題は、もう一つの問題と関連を持つ。それは、神学と社会倫理の関係である。中世のコルプス・クリスチアーヌムの残滓を持ったヨーロッパでバルトが描く教会と国家の関係は、天皇制を基盤に持った日本の国家のもとでは、およそ対応するものではないであろう。率直に言って、弁証法的神学の流入によって、日本の神学は神学における国家論の喪失に向かって行った。やがては、教会と国家のキリスト論的同心円といった、およそヨーロッパ中世を経た地域でのみ語り得ても、初代教会が置かれた古代の異教世界や近・現代の教会が日本において、あるいは広大なイスラム圏において置かれている異教的な世界ではおよそ妥当しない。また、かならずしも聖書的とも言えないカール・バルトの旧ヨーロッパ的主張によって悩まされることになった(4)。

8

弁証法的神学の流入によって日本神学史は、SCM運動から弁証法的運動へと転換したと言われる。ヨーロッパで言えば、リッチュル学派的自由主義神学から、あるいはもっと接近した関連では宗教的社会主義から弁証法的神学へと転換した如くで、スケールの上から言えばおよそ比較にならない小さな規模ではあるが、SCM運動から弁証法的神学へという日本の神学史、もしくは神学思想史における転換があったわけである。この「転換」の意味については、なお考えなければならない欠陥もあったのではないであろうか。

例えば、SCM運動の中心にいた中島重は、イギリスの多元的国家論にいち早く注目していた(5)。それは、メイトランドからフィッギスに継承され、P・T・フォーサイスにも影響を与えた国家理解であった。それは、H・J・ラスキに及び、中島重はラスキの多元的国家論に注目した。しかしその思想は、さらにアーネスト・バーカーやＡ・Ｄ・リンゼイの国家と社会の理解にも継承されていく。この国家論や国家と区別された社会の主張に対する注目は、日本においてもさらに継承されるべきであったのではないか。

日本の神学は、弁証法的神学とカール・バルトから豊かな示唆を受けたが、弁証法的神学の流入によって阻害されたものもなくはなかったのである。そのことを特に中島重によって緒に就いた多元的国家論の無継承の中に見る。あるいは多元的国家論からの隔たりはＳＣＭ運動の中の中島重において、すでに始まっていたのかもしれない。[6] しかしいずれにせよ弁証法的神学の流入以後、日本の神学は国家論やさらには社会倫理、世界政策の論題において、継承努力を失った。ドイツやヨーロッパでなく、アングロ・アメリカの近代とプロテスタンティズムへの関心も失われた。結果として、プロテスタント第一世代が取り組んだ植村の「社会の木鐸」も小崎の「政教論の神学」も第

(4) たとえば一ペト二・一三、一七などに見られる「人間の立てた制度」といった記述、そして神のみを畏れて、決して皇帝を畏れず、それを単に「すべての人」を「敬う」のと同様のレベルに置いた記述は、「自由にされた人」の「主のために」生きる生き方を意味深く語っている。

(5) 中島重『多元的国家論』（内外出版株式会社、大正一一年）を参照。

(6) 中島重『社会的基督教概論』（同志社労働者ミッション、昭和三年）においては、多元的国家論の主張はそれほど明らかではない。

二世代には継承されることはなかった。

かくして弁証法的神学の流入とそれに引き続いた圧倒的なカール・バルトの影響は、日本における神学遂行の中で、近代化の評価、ひいては世界史の解釈といった問題、そして神学的国家論や教会の世界政策といった問題を等閑にした。パウル・ティリッヒの言い方で言えば「文化の神学」、それにキリスト教的社会倫理への関連を教義学の中で基礎づけることはなされなかった。これらの問題は第二次世界大戦の敗戦後の問題として、戦後改めて、それも新しく、取り上げられなければならなかったわけである。

第四章　熊野義孝『教義学』と終末論（1）

1　はじめに

この度は、第六七回宣教協議会をオンラインで開催するにあたり、「教義学における熊野義孝との対話」という題で、お話するようにということです。これは、小堀康彦先生から依頼をお受けしたとき、私自身の『キリスト教教義学』（上巻は昨年末教文館より出版され、下巻は本年六月に出版予定）の出版に当たって、当然、いろいろな神学者との対論が避けられないことでしたが、日本の神学においては何と言っても熊野義孝『教義学』（三巻）を意識せざるを得なかったことをお話ししました。その結果、こういう主題で話すようにということになったものです。今回、自分なりに教

（1）この章は、二〇二二年二月一四、一五日にオンラインによってなされた講演に基づくもので、後に『季刊教会』一二七号に掲載された。文体も講演の様子のままにここに収録したこと、また修正も最小限にとどめたことをお断りしておく。

義学を書きながら、他の人たちと対論し、彼らの努力に感謝しながら、その過程で熊野義孝の読み直しも行いました。私自身の『キリスト教教義学』における主要な対話の相手と言いますと、カール・バルト、パウル・ティリッヒ、パウル・アルトハウス、エトムント・シュリンク、ヘンドリクス・ベルコフ、ユルゲン・モルトマン、ヴォルフハルト・パネンベルクといった二〇世紀、二一世紀の代表的な神学者たちです。それに日本において神学の試みを示した熊野義孝が断然、挙げられるといった状態でした。

熊野義孝は一八九九年の生まれで、一九八一年に亡くなっています。植村正久の晩年の弟子で、東京神学社神学校に学び、卒業後は植村の期待を受けて、三年ほど東京神学社の予科の講師となり、西洋哲学や宗教哲学を講義したようです。その間、二〇代前半の若さで二冊の著書を出版していま す。それは、植村正久の勧めと言うか、熊野自身の言い方では「命令」を受けてであったと言われます。熊野は学生時代から植村に求められ、『福音新報』に記事を連載し、それを本として出版することも求められました。これら初期の著作は、原著があって、それを翻訳でなく、「翻案」（原作の内容を元にして改作する作業）をしたもので、今日では一般に著作権問題もあることですし、学術的な意味からも勧められる手法ではありません。しかし書物を著すこと自体は重要で、熊野はそれを植村から求められたわけです。その植村が一九二五年に逝去し、翌年一九二六年から熊野は、日本基督教会函館教会牧師として赴任しました。熊野の函館時代は、一九三一年まで五年間にわたりましたが、この時代をどう過ごしたのか、推測としては、猛烈な勉強に明け暮れたのではないかと思われます。彼は、年長の逢坂元吉郎や高倉徳太郎のように、またほぼ同年の桑田秀延のように、海外留学の経験を持ちませんでした。もっぱら日本にあって伝道者・牧師として自力で神学研究に励んだわけです。函館時代はいわば神学研鑽の国内留学ではなかったかと私は推測します。

時代は、日本人キリスト者の第二世代の時代です。第一世代にしてすでにそうでしたが、第二世代はもはや海外からの宣教師による神学的指導の下にはいませんでした。代わって神学諸学科において、日本人キリスト者の努力の成果が出現し始めた時代です。熊野より少し年長の渡辺善太（旧約聖書神学）は『旧約書の文学』（三巻）を出版し、石原謙（宗教哲学からキリスト教史研究）は『シュライエルマッヘルの宗教論』を出版していました。教義学・組織神学部門では、一九二〇年代の新しい動きとして、ドイツ語圏の「弁証法的神学」が世界の神学的関心の注目の的になり始めていました。

函館時代を経て、結婚を機に武蔵野教会牧師に就任した熊野は、翌、昭和七（一九三二）年『弁証法的神学概論』を著し、その翌年に『終末論と歴史哲学』（一九三三年）、さらにその翌年には『キリスト論の根本問題』を出版、一年置いて昭和一一（一九三六）年には『現代の神学』を出版しました。まさに矢継ぎ早の猛烈な出版活動でした。著作の勢いは、その後も止まらず、『トレルチ』など昭和二〇年まで戦時中にも続きました。戦後も『基督教概論』（一九四七年）、『基督教の本質』（一九四八年）の出版を経て、やがて『教義学』（三巻）が、一九五四年から一九六五年まで、一一年間にわたって出版されました。『教義学』（三巻）は、熊野義孝五五歳から六六歳までの仕事でした。これは、日本における最初の本格的な教義学の著作となったもので、彼以前にこれに類する著述は日本にはありませんでした。それだけでなく、それ以後もなく、今日まで五七年間にわたって、日本で唯一の本格的な教義学であり続けています。熊野義孝という伝道者・牧師、かつ神学者、それも日本に他に類例を見ない教義学者の働きは、彼が残した既述の豊富な著作群によって知ることができます。また、この人がどういう信仰と人柄の伝道者・牧師であり、神学者であったかということも、彼に直接親しく導かれた人々が今日では少なくなったとはいえ、なおかなりの人が存命していますので、いろいろとうかがうことができるでしょう。

私自身はそうした親しい人間関係の人脈に属してはいません。ですから私の話は、熊野義孝について、ただその著作を通して理解している限りで、お話することになります。私は一九六六年に東京神学大学の三年に編入学しました。今から思えば、熊野義孝『教義学』の第三巻が完結し、出版された直後でしたが、「日本で最初の教義学が完成した」といった空気を周囲から感じ取ることはできませんでした。その年、私たちの学年は「教義学序説」の授業を熊野義孝から受けました。おそらく定年で東京神学大学教授を辞される最後の学年として講義を聞いたのではなかったかと思います。ただ大学院の授業で短期間、「信条学」を講義しておられたと記憶しますが、私は受講しませんでした。

学部での授業の雰囲気は、多少、記憶に残っています。出席簿とほとんど何も書いていないと思われる薄い講義ノートを携えて教室に来られ、窓際に椅子を寄せて、斜めに座り、足を組んで講義するのですが、板書されることはなかったと思います。講義内容は、私の記憶では失礼ながら滑舌が悪いのと、話のメリハリが分かり難く、全体としてとらえどころのないものでした。当時、キリスト教倫理学は、北森嘉蔵教授が講義しておられ、こちらの方は、逐一古びたノートを読み上げて、口述筆記させるもので、対照的な授業風景であったと言えば、言えるでしょう。私は熊野義孝の講義からは、何もノートにメモすることがなく、学生寮の自室に戻って、その当時は熊野義孝『現代の神学』（一九三六年）を読んで興味を抱きました。特に熊野が一九世紀の代表的な精神史家であるヴィルヘルム・ディルタイを高く評価しているのを知って、興味を厚くしました。東大文学部哲学科のドイツ哲学書講読で、ディルタイ著作集のうち二冊ほど読んでいたためでした。ついでに申しますと、この『現代の神学』という書物は、一九世紀神学史を扱い、そこから現代の神学としての弁証法的神学とその世代の神学者たちの一九三〇年代の諸問題の取り組みを描いたもので、石原謙によって現代に唯一優れた神学史の叙述として高く評価されたものです。私はこの書は、今日でも神学校の演習のテキストとして十分に通用すると思っています。熊野義孝の神学史家としての力量がよく示されています。またその中で熊野義孝は自ら、ディルタイとトレルチ、それにカッテンブッシュに負っていると語っています。

1　熊野義孝『教義学』（三巻）の性格

ところで今回の話は、『教義学』（三巻）が中心です。教義学は教会の信仰のほぼ全域にわたる学的表現であり、神学諸科を統合してその中心的部分をなすと言ってよい学科です。神学にはもちろん教義学の他にも、旧・新約それぞれの聖書神学、教会史や教理史の歴史神学、それに教義学を中心にする組織神学は、教義学のほかに倫理学や弁証学を含みます。さらには礼拝学、説教学、牧会学などを含む実践神学があります。それら神学諸科の中でも教義学は、聖書神学や教理史を踏まえて遂行され、倫理学や弁証学、それに実践神学に対しても基盤になるものです。それで「神学」と言えば、即「教義学」を意味するという習慣的な言い方もありました。教義学それ自体は、啓示や聖書の考察を扱う序説をはじめとし、神論や創造論を含み、キリスト論、救済論、そして教会論、終末論に至ります。それはそれぞれの時代に生き、かつ福音を伝える教会の信仰の全貌をできる限り、深く、そして生命的に理解し、学的な一貫性と相互関係の整合性を維持しながら表現し、展開する学問であり、教会の説教や福音伝道の指針を明らかにする意味でも、また教会とは何であり、何のために、またどう形成されていくべきかということを明らかにする意味でも、なくてはならない学問です。神学はその全体が教会を基盤として初めて意味を持ち、成立するものですが、そのことは教義学において典型的に現れています。また逆に、教会はとりわけ教義学なしには真実な形成軌道を歩むことはできないでしょう。誤った教義学的指導によっては、説教は曲げられ、教会は立たず、その伝道は適切性も生命的な力も失うでしょう。

それでは、熊野義孝によっていかなる教義学が展開されたのでしょうか。それはどういう性格を持った教義学であったでしょうか。率直に言いますと、私は熊野義孝著『教義学』（三巻）を何回か読み直してきましたが、よく分かりませんでした。はじめて読んだのは、神学生の時でしたが、分かりませんでした。つまり、面白いと思えませんでした。二回目に読み直したのは、牧師になってからですが、そのときにもあまりよくは分からなかったと記憶します。それまでと比較して、多少分かるようになったのは、今回、一方で自分自身で教義学を書きながら、他方何度目かの読み直しをした際であったと思います。熊野義孝の文章は戦前の教育による人のもので、今では古風な香りのする文章ですが、しかしそれなりに雄弁な筆致を感じさせるものです。「聖書はイエス・キリストすなはち神の啓示の見証・証言をもって、その固有の生命となす」とか、「教会的伝統は信仰の伝承、言ひかへれば啓示の証言の連続、さらに具体的にいへば信仰告白の継起によって形づくられる」（一―三八頁以下）といった叙述です。特に分かり難い文体ではありません。品格のある、言ってみれば、含蓄を持った用語で、時には飛躍を含む論理の運びによって記述されています。

『教義学』（三巻）は、また、通常の文章による本文部分の他に、分量的にそれに匹敵する量で、小さな文字で記された注の部分があります。この注の部分が重要で、その中に参照すべき文献が指示されると共に、本文の主題に関する神学史上の扱いや対論が展開されます。この注の部分を注意深く読まなければ、この著作を読んだことにはならないでしょう。また、著者は一つ一つの主題を描くときに、本文でいきなりその内容を記述するのでなく、そもそもその主題がどのような意味を持ち、どういう性格や位置を持った問題なのかといったことを解説します。さらに事実的な叙述をする前に、原理的なことを語ることに力が注がれ、一種の神学的指南が与えられる場合があります。場合によっては、当該問題の意味や位置や方向を指南する叙述だけが記され、教説の具体的内容の記述にまで及んでいない場合もあります。例えば「神の属性」を記した部分など、明らかにそうです。私はそれでよいとは思いませんが、しかしそもそも取り組むべき問題の意味や位置をわきまえるということは重大ですから、その意図は汲まなければならないでしょう。また、注の部分に挙げられている歴史的資料を学ぶことも重要です。たとえばリッチュルやその学派の文献などが多く挙げられています。また、教義学形成の背後にあって身に付けるべき学習的訓練の内容が伝えられています。教理史上の経過や展開が重視されているわけです。また注の部分には、しばしばラテン語やドイツ語の長文が邦訳なしに、そのまま書き写されています。フランス語がそのまま引用されている箇所もあります。このことは、この書の読者がラテン語やドイツ語に習熟していることを予想し、フランス語を読むこともできることも要求していると受け取れますが、それが書かれた一九五〇年代の日本の牧師たちの何割がその条件を満たし得たのか、恐らくそれを満たし得た事実は極々稀ではなかったかと私には思われます。また、時折、知恵深い信仰的判断や建徳的な表現が見られます。神学する者に「清潔」を求めるところなどがその好例ですが、「清潔」は「聖化」の関連で語られるとしても、今日ではほとんど稀な用法でしょう。しかし神学することは信仰生活の戦いと一つに遂行されることは当然ですから、こうした用語で語られることは、今日改めて発言し直されてよいと思われます。

熊野義孝はまた、教会の現実については、厳しく批判的な認識を持っているというよりも、むしろ教会に対して常に肯定的で、時には教会状況を理想状態的に前提して語っているところがあります。公同教会の現実に対する信頼として、それは当然のこととも言えますが、既存の教会に対してあまりに肯定的で、甘い認識に立っていないかと反論したくなる場合もあります。熊野義孝はその晩年に至るまで、礼拝に出席した人たちを玄関口に立ってよく見送っておられたと聞きますが、その牧師の姿が学術的表現を取って、教義学全体に現れていると言うことができるでしょう。

私は熊野義孝と個人的接触をほとんど持たなかったと申しましたが、しかしただ一度、それが神学校であったか、武蔵野教会に訪ねたときであったか、記憶が定かでないのですが、「先生はなぜ神学をするようになったのか」と尋ねたことがあります。熊野義孝の返答は私の意表を突いたもので、半ば唖然として、それが記憶に残りました。「英語ができたので」と答えられたのです。それがいったい神学することとどれほどの関係があるのでしょうか。今の私の解釈では、英語ができたということで、語学一般を意味したのだと思います。早稲田で英語ができた熊野は、東京神学社時代には、放課後、ドイツ語の勉強に通い、牧師になってからはラテン語の学習に通い、フランス語の学習にも通われたということです。それが『教義学』の資料の扱いの中にうかがうことができます。神学書はしかし、外国語ができるだけで読むことができるわけではありません。「英語ができたので」と言われた背後には、外国語文献によって神学書が読めたということでしょう。

熊野義孝の『教義学』の性格問題は、いろいろな角度から語ることができると思いますが、教義学は教会を基盤としての神学であることの上で、学問的性格を言うと、一つはカール・バルトの『教会教義学』との関係によって語ることができるでしょう。熊野義孝の初期の著作の中ではそうではなかったのですが、『教義学』(三巻)の中では当代の神学者中一番重んじられているのは、カール・バルトであり、その『教会教義学』です。詳細に調べたわけではないのですが、読んだ印象として、どこにもバルトに対する批判的言辞を見出すことはできません。いわゆる「弁証法的神学」は熊野義孝にとっては、同時進行的な「現代の神学」でした。「弁証法的神学」と言っても、熊野義孝は当初は、主としてエーミル・ブルンナーやフリードリッヒ・ゴーガルテンによって理解していたのではないかと思われます。『弁証法的神学概論』の中には参考文献としてバルトの『ロマ書』や、その他初期の論文集などが挙げられています。しかし、例えばバルトの『ロマ書』の第一版と第二版の本質的な違いなどお気づきでないというか、第二版を読みながら、第一版を参考文献に挙げているように思われます。しかしいつの頃か、バルトに関心が集中的に向かい、彼の『教義学』においては、ブルンナーやブルトマンに対する批判は述べられますが、バルトとの違いが明らかにありながら、自分の言葉でその違いを語ろうとしていません。そして明らかにバルトに負っている箇所、賛成した箇所としていくつかの事柄が挙げられます。例えば「キリストによる選びの教説」、「虚無的なもの」の理解、「和解」の概念、「終末論」の考え方などです。

しかしカール・バルトと熊野義孝は明らかに異なります。その違いを熊野義孝自身がその理由を含めて語ってくれていたらよかったのにと思いますが、そうなっていません。第一に神学の体系構想がそもそも違います。熊野義孝は自己の著作『基督教概論』（一九四七年）と『基督教の本質』（一九四九年）によって「キリスト教本質論」を提示し、これを神学の体系構想の基盤部分と考えました。その上で、この基盤に基づいて「教義学」を構築し、さらにそこから「信仰論」を展開するという構想を持ちました。しかし、「信仰論」はついに出版されず、後には一九四九年に出版された『基督教の本質』が「信仰論」に当たると説明したときもあります。いずれにしても熊野義孝の神学の体系構想は、バルトの神学構想、つまりバルトの教義学の遂行とは異なるものでした。バルトは、教義学の基礎構造は教義学そのものの序説、つまり「神の言葉の神学」と考え、教義学に並ぶ神学諸科も、聖書釈義と実践神学のみで、他の学科を神学として認めませんでした。それは極めて徹底していて、倫理学を教義学の中に吸収し、弁証学を神学の学科として認めませんでした。したがってバルトは、「キリスト教本質論」から出発するといった半ば一九世紀的な手法を取りませんでした。もっぱら「神の言葉」から出発したわけです。バルト神学は、その全編にわたって「神の言葉の神学」として展開されました。それに対して熊野義孝『教義学』の序説では、「神の言葉」を特に主題的に論じた箇所はありません。むしろ「神の言葉」を神学的に強調し過ぎること、それが固定的になることに対して熊野義孝は批判的でした。「バルト神学の一面を高調して、『神の言葉』の絶対性を神秘化することは、……教義の神秘化以外のなにものでもなく、ひっきょう、主知主義の変態にほかならない」という厳しい批判も見られます。ただしこれは『教義学』でなく、『キリスト論の根本問題』においてです。[2]「キリスト教本質論」を教義学の基礎にするという手法は、一九世紀のシュライアーマッハー以来の学問的神学の手法に微妙に接近するもので、ブルンナーなどによって初期の「弁証法的神学」の中で示された道でした。しかし内容から言うと、熊野義孝の教義学の基盤としての『基督教概論』は、教会論であって、「キリストの体」から「信仰告白」へと辿っていくもので、一九世紀のキリスト教本質論が、「哲学的神学」や「歴史的キリスト教理解」による「本質規定」として遂行されたのとはかなり異なっています。熊野義孝においては、教義学の根拠としての教会存在が、俄然、強調されたと言えるでしょう。一方、バルトの「神の言葉」の強調は、教義学がいったいなぜ学問として可能になるかという問いに一九世紀の人間学的出発ともカトリック的な自然神学的な出発とも異なる仕方で答えたものでした。

熊野義孝とカール・バルトとの違いをもう少し言うと、「三位一体」の論述の位置も違います。バルトは三位一体の神を啓示との関連で、「啓示の構造」として語りました。しかし熊野義孝は、啓示の構造としてはむしろ終末論を語り、三位一体は神論の最初の主題として扱っています。私は「神の言葉」よりも「啓示」から出発する熊野のやり方の方がよいと思っています。ただし啓示を終末論によって構造的に理解するという議論では、教義学を終末論から開始することになって、啓示の歴史性に十分即することができないのではないかと思います。啓示はむしろ「歴史的啓示」として、イエス・キリストという歴史的な人格における歴史的事実を尊重する手法によって、歴史的かつ神学的に認識されるべきと思います。

熊野義孝は、啓示と近く結びつけて「伝統」を語りました。これも明らかにバルトの「神の言葉の三様態」と異なっています。この点も私はバルトより熊野をよしとします。しかし神論について言いますと、バルトは「神の本質」を「神の完全性」として大々的に展開しました。これに対し熊野義孝は「神の属性」について語り、しかもその内容は比較的乏しいと言わなければならないでしょう。さらに熊野義孝は「宥和」という表現で、「和解」を救済の主要概念にしました。それも、「義認」や「聖化」と並ぶ救済論の一項目としての「和解」でなく、キリスト論、贖罪論、救済論を包括した「和解の概念」を展開しました。これは、明らかにバルトの影響下に立っていると言うべきでしょう。しかし中途半端なところがあって、バルトのように教会論も聖霊論もキリスト者についての議論も包括する「和解の大概念」までは展開しませんでした。そのため、熊野『教義学』の第四編「宥和について」は和解論ですが、第五編「自由と完成について」がその外に出て、そこでキリスト者と教会論が扱われ、教義学の結論部分を形成しました。教義学の構造としては、バルトの影響は中途半端にとどまったことになるでしょう。

したがって熊野義孝は、カール・バルトの影響をかなりの程度受け入れながら、随所で異なって

（2）『熊野義孝全集』第五巻（新教出版社、一九七九年）、二二二頁。

いたと言わなければなりません。熊野が強調した「死の理解」についても、バルトがハイデガーの「死への存在」に影響されたのか、死における人間の生の終わりや完成を語って、「自然死」を肯定したのに対し、熊野義孝は別の死の理解を示し、キリストに対する「証言死」の理解を語りました。しかし熊野義孝は、バルトに対して批判や反論を明言するよりも、むしろ尊敬と親近感を厚くしたと言い得るでしょう。この姿勢は、熊野義孝より一七歳年下であった北森嘉蔵が、バルトの神学を「神の主権」を強調する「第一戒の神学」と見なして、「神の痛みの神学」の視点から終始批判的に語ったのと、対照的な相違でした。熊野義孝にとっては「弁証法的神学」は、「神の言葉の神学」というよりも、むしろ「終末論的神学」であって、それは同世代の神学であり、彼自身も神学形成を共に歩んだ「現代の神学」であり、その代表者がカール・バルトであったわけです。熊野義孝は、カール・バルトが説教者として教義学を遂行したことに対しても尊敬を持ちました。その上でとりわけ現代の神学者として「教理史的な位置」を持つのは、バルトを置いてほかにはないと語りました。熊野は、カール・バルトを教理史において無視できない画期的な節目の神学者であり、教理史上の転換点的な働きをした神学者とみなしたわけです。そしてその「教理史的位置」を「キリスト両性論における人性の意義をいっそう明確にし、それとの連関によって予定論に新しい展望を与えた」ことに見られると語りました。「キリスト両性論における人性の意義」は、バルトの神論における「選びの教説」を念頭に置いて語られたことは明らかですが、それは選びや予定の問題だけでなく、キリスト論、贖罪論、教会論を貫く、まさしく熊野義孝自身の神学の核心部分を表現しているとも言い得るでしょう。

『教養学』（三巻）以前に遡って、熊野義孝の著作を見直すと、彼自身の神学形成が弁証法的神学と同時代的に進行したこと、そこではかならずしも最初からカール・バルトが関心の中心にあったわけでないことも分かります。熊野義孝自身の成長・確立と共にバルトの位置は次第に重大さを増したと言い得るでしょう。熊野義孝の文章に、弁証法的神学の日本への流入について語った文章があります。日本に弁証法的神学を最初に紹介したのは誰かということが、昭和一〇年頃問題になり、昭和二年の『基督教研究』に掲載された大塚節治の論文「危機の神学エミル・ブルンネル」と、魚木忠一の「対論的神学への序論」が最初であるという主張がありました。これに対し、熊野義孝は高倉徳太郎を挙げて、高倉がすでに大正一三、一四（一九二四、二五）年に、口頭ではあるが、ブルンナーとバルトのことを紹介していたと書いています。これについては、『高倉徳太郎日記』ではブルンナーを読むと記されているのは大正一四年一〇月から翌年の七月、バルトを読むとされているのは大正一五年八月ですから、若干の誤差があるかも知れません[3]。そしてそれに次いで「大正一五年冬には、或る人によって東京神学社の予科の哲学の時間、その頃出版されて間もないブル

（3）『高倉徳太郎日記』（秋山憲兄編、新教出版社、二〇一四年）を参照。ブルンナーを読むとあるのは大正一四年一〇月（二七〇頁以下）と大正一五年七月（三一九頁以下）であり、バルトを読むとあるのは大正一五年八月（三二四頁以下）である。

ンナーの『哲学と啓示』が幾回かにわたって紹介され、さらに同年春頃には同じ人によって『福音新報』紙上に「信仰の本義」の表題の下、ブルンナーのこの書と『体験・認識・信仰』とが翻案せられた」と記しました。(4) この「或る人」というのは、当時東京神学社神学校の予科で、西洋哲学の講師を務めていた熊野義孝自身であろうと、私は考えています。(5) 実際、熊野義孝はブルンナー『哲学と啓示』の理解を根本に据えて、『弁証法的神学概論』(一九三二年)を著しましたし、そこで示された宗教哲学から神学へという歩みは、『現代の神学』の第二章にも継承されたモティーフで、さらには『基督教概論』の成立にも影響を与えたと思われます。

このことからも熊野義孝の「弁証法的神学」への関心は、はじめからバルトに焦点を当てたものではありませんでした。『終末論と歴史哲学』でも、その後でも、ゴーガルテンに関心を向けようとした時期がありました。しかし次第にカール・バルトに焦点的に関心を集中させたことは、バルトの『教会教義学』と共に度を強めたと思われます。『キリスト論の根本問題』(一九三四年)に早くも Barth, Die kirchliche Dogmatik, I/1 に対する言及が現れ、その頻度は『教義学』(三巻)に至って増加されました。

2 キリスト論と教会論

熊野義孝は、「キリスト論」と「教会論」を密接な関係において理解しました。そのことは一見してそれほど特別なこととは言えないかもしれません。誰でも神学的に考えれば、キリスト論が教会論の根底をなし、教会論はキリスト論があってはじめて成立するという筋道に沿うことになると思われるからです。しかし、キリスト論はかならずしも教会論に直結せず、教会論もキリスト論から直接由来しないとも言えます。キリスト論の向かう先は、教会論よりも福音であり、神の恵みであり、神の愛であると言うこともできないことではありません。そうなるとむしろ、根本的にはキリスト論から神論に向かうということもあるでしょう。また、教会論はキリストに直接せず、使徒信条が告白しているように聖霊に対する信仰告白と直接しているとも言い得るでしょう。あるいはまた、キリスト論と教会論の関連と言っても、キリストの人格からではなく、キリストの働き、つまり贖罪論から教会論へという考え方もあるはずです。しかし熊野義孝は、キリスト論から教会論に直接向かう筋道を、彼の教義学の中核に置いていたように思われます。例えば、彼は次のように書いています。「神人キリストの両性論が教会的実存の根基をなし、特にその人性の理解が不可避的に教会史の発展と関わっているという事実を認めざるを得ない[6]」と。これは『教義学』第三巻

（4）『熊野義孝全集』第一一巻（新教出版社、一九七九年）、一一三頁。
（5）『福音新報』（大正一五年九月二四日）には熊野義孝による「信仰に就いての反省」（五）の連載の最終が掲載され、バルトに優るブルンナーの評価の辞が記されている。
（6）熊野義孝『教義学』第三巻（新教出版社、一九六五年）、七四頁。

から引用した文章ですが、同様の主張は彼の『教義学』の中には頻発して見られます。この筋道はキリスト論から教会論に直接進行する筋道ですが、とりわけ「神人キリストの両性論」あるいは「神人両性論的なキリスト論」が強調され、それが教会的実存の根基、つまり歴史的教会の根本的基盤を形成すると言われます。またその際、両性論における特に「人性」の理解が教会とその歴史の成立に欠かすことができないとされます。この筋道は、彼の『教義学』に先立つ『基督教概論』(一九四七年)において、すでに中心的な基軸として語られていました。両性論的で、かつ人性強調のキリスト論が熊野義孝の特徴でした。これについて、回り道になりますが、別の角度からも、少しお話しましょう。

両性論的キリスト論において人性を強調するという姿勢は、熊野義孝のカール・バルトに対する評価にも現れていました。これはすでにお話したことですが、熊野義孝はカール・バルトを指して、他の人々が要求できない「教理史的な位置」を確かに持っている神学者であると語りました。その時の内容も、「キリスト両性論」に対する注目と特にその「人性」の強調がバルトにあるという見方でした。バルトが教理史的に重大な位置を占めることは、今日では誰の評価にもあります。特に神学の再興、とりわけ啓蒙主義以来崩壊に瀕した教義学を新しく「神の言葉の神学」として再興したところにそれを語り得ると思われます。一九世紀初頭には、シュライアーマッハーが、啓蒙主義を受けながら、それ以後のこととしてもう一度神学、それも教義学的概念の新しい解釈と展開を『信仰論』として再建しました。シュライアーマッハーはそのための根本基盤の探究を行い、近代的な学術的手法により「宗教の本質」や「キリスト教の本質」を基盤にして、その上に教義学的信仰論を展開したわけです。これに対しバルトは、シュライアーマッハーとその後の神学の進行が、そうした近代的な人間学的手法によって遂行されることにより、神こそが神である神中心性や神唯一性、あるいは神の主権性を希薄化させ、真の神学的認識をかえって危機に瀕せしめたと受け取りました。人間の一般的な宗教心や倫理意識が崩壊するような危機に直面したら、シュライアーマッハー的な教義学的信仰論は、もろともに崩壊しなければならなくなるでしょう。そこでバルトは、「神の言葉」とそのキリスト論的理解をもって、むしろ啓蒙主義以前の宗教改革に連なり、一七世紀の古プロテスタント正統主義の教義学的権利を再認識する方向に進みました。そのようにして学問的神学の中にありながら、真の神学の可能性を新しく切り開こうとしたと言えるでしょう。二〇世紀の神学は、宗教哲学や倫理学、あるいはキリスト教史や教理史の歴史的研究に根拠を置くのでなく、「神の言葉」に、そうでなければ「啓示」に基づき、そこから出発して神とその御業を認識する根本的な転換を必要としました。危機の時代に人間の宗教意識や倫理意識を基盤にするわけにはいかなかったからです。徹底的な転換を試みたバルトは、近代以後の教理史上において無視できない決定的転換点の位置を占めています。そしてその神学の内容は、いわゆる「キリスト中心主義」あるいは「キリスト包括主義」とも言うべき「キリス論的集中」でした。「神の言葉」と「キリスト論的集中」、この二つがバルトの教理史的な位置を決するものであったと言うことができるでしょう。熊野義孝はそのバルトの「両性論的キリスト論」に注目したわけです。バルトはイエス・キリストにおける「神から人への活動」を語り、それに基づいて「人から神への活動」に重大な関心を注いで語っています。

しかし、バルトが果たして「両性論」における「人性」を強調したと主張することができるでしょうか。熊野義孝がそう語ったのは、バルトの『教会教義学』第二巻の神論、その中の「選びの教説」における人間ナザレのイエスの位置に注目して語ったのですが、「和解論」にはその指摘は当てはまらないと思われます。確かにバルトは「選びの教説」において「人間イエス」に言及し、神と人間イエスの関係の中に人間に身を向ける神の原決断があり、そこに「福音の総和」(Summa des Evangeliums)が含まれると語りました。しかし「和解論」ではバルトは、「異郷に赴く神の子の道」、つまり「キリストにおける神の卑下」を第一として語り、それと不可逆な順序においてその次に「王的人間」として人性におけるキリストの「高挙」を語りました。バルトのこのキリスト論は、両性の区別を明確に強調しますが、人性を強調したアンティオキア学派のようではなく、神性の優位を語ったむしろアレクサンドリア学派のキリスト論に近いと思われます。キリストの神性を起点にし、それを第一義としながら、キリストにおける神性と人性の区別と統一を語っています。より正確に言うと、「性」(Natur)という用語を用いず、二方向の運動・活動を語っているのですが、神から人への運動の圧倒的強調があります。したがってバルトの両性論は、キリストの人性を強調したとは言い難いように思われます。この点は特に人間イエスの人格的実体はその神性にあるとした「アンヒュポスタシス－エンヒュポスタシスの議論」によって一層明らかです。バルトは主体的な意志を持った人間イエスを強調しませんでした。そのため、イエスが「召し」を受けた意味での「イエスの召命」を彼は決して語ろうとしませんでした。そういうバルトにキリストの人性の強調を見るのは、むしろ熊野義孝自身のキリスト論の考え方を読み込んで表現したと言うべきではないかと、私には思われます。

熊野義孝はキリストの「人性」に注目しました。ですからイエスの死についても、イエスが「深く死んだ」と語り、「死者としてイエスは今日も語る」(7)という興味深い発言をしました。キリストは「死者」にして「復活者」と言われます。キリストの人性と結びついた「死」の問題は、熊野義孝にとって大切な問題であったでしょう。私は以前から熊野義孝における「死の問題」があって、例えばトレルチに対する批判の中にも働いているのに気づき、注目してきました。

熊野はトレルチから近代神学史の理解を学び、また彼の宗教哲学にも注目していました。しかしそのトレルチに現実の見方の甘さがあるとして、それは死の問題と終末論の欠如にあるように見ていました。それは、あたかもトレルチが人間の死の事実を忘れたかのような批判になっています。しかしこの見方は誤りと私は思っています。トレルチにおける死の問題は独特な仕方であるからです。トレルチ研究家のよく知るトレルチの晩年(と言っても、五〇代後半のことですが)の「歴史家の悲哀」の背後には、死の問題がありました。トレルチがダンテの『神曲』から慰めを得、神秘主

(7) 前掲書、七八頁。

義に連なる救済意識を持ち続けたのは、彼の死の問題に対する一つの姿勢と思われます。しかしそれにしても、「死」の問題は熊野義孝にとって重大な問題で、それと彼の終末論の理解は密接に関係していたと思われます。清子夫人が夫の神学思想における死の問題の重要性を語った文章があります。夫人は、夫の思想の一つの特徴をそばに伴い続けた人として語っており、その背景には肉親の姉妹たちを喪った若き時の熊野義孝の死の経験があることを語って、これと結び合わせて熊野の死の思想を理解しています。イエスの「深き死」はそういう文脈の中で救済的な意義を持っていたでしょう。この死の問題もキリストの人性の強調と結びついていました。

熊野義孝は、またキリストの人性からイエスの身体性、つまりキリストの「体」に注目しました。そして「復活者の体」を語って、それが教会の理解に通じていきます。復活者キリストの歴史的な「体」が教会ですが、この「体」は人性から帰結しています。さらに言いますと、当初から熊野義孝は『キリスト論の根本問題』などにおいて「受肉」とか「受肉の論理」ということを語っていました。『基督教概論』では「媒介者」としての「受肉者」への注目がありました。『教義学』においては、「復活者」への注目が語られます。そこに熊野義孝の「発展」を見るべきかどうか、私はなお確証を得ていません。しかし彼が復活者の体をめぐる探究を継続させていたことは、例えば『死者の甦りと教会の形成』（『神学』二二号、一九六二年）といった『教義学』（三巻）の執筆途中の研究論文などから興味深く読み取ることができます。

しかし、いずれにせよキリストのとりわけ「人性」を媒介とし、その身体性によって体としての教会の根基を成すという熊野義孝のキリスト論と教会論の結合は、バルトの場合とは異なっています。バルトはキリストの神性、つまり異郷に赴く神の子の道の中で、教会の召集を理解しています。人性の体ではなく、神の言葉が教会を開始させます。その教会は「説教の教会」です。熊野義孝では、「復活者の人性の体」が教会であって、復活者の体としての教会です。こうして、熊野義孝のキリスト論は、キリストの人性を鍵にして受肉者や復活者の身体性を語り、キリストの体である教会の根基を確かならしめるものでした。神の言葉の教会論ではなく、受肉者にして復活者であるキリストの身体性に基づくキリストの体である教会であったわけです。ただし、逢坂元吉郎が「受肉の体」から「聖餐論」に赴き、「説教の教会」でなく「聖餐の教会」を語ったようには、熊野義孝は進みませんでした。むしろ「歴史的体としての教会」は「教会史」となり、「伝統」を取ることに注目し、聖礼典と信仰告白と説教の総合的な関係における歴史的な教会の伸展を図る健全な道が語られたと言うべきでしょう。

対比的な視点でもう一つお話したいのは、「仲保者」や「媒介者」をめぐっての関心の持ち方についてです。熊野義孝は「仲保者キリスト」に注目しました。両性論は神と人との仲保者キリストの神性と人性を語るわけです。熊野義孝が「媒介」に注目し、「仲保者」を根本に置いたのは、『教義学』（三巻）においてはじめてでなく、それ以前からでした。いつ頃からかというと私は確実なことを言うことはできません。しかしそれが主題的に現れたのは『基督教概論』（一九四七年）においてです。その文脈は、「宗教の本質」を「媒介」に見るという宗教学・宗教哲学的な主張からです。「媒介」とは、神と人間との断絶を越えて結び合わせる媒介ですが、それをキリスト教信仰においては「仲保者キリスト」の人格と御業に期待していることは言うまでもありません。確証はありませんが、宗教における媒介の意味に注目したのは、熊野義孝が二〇代半ばで東京神学社神学校において西洋哲学や宗教哲学を講義していたことと無関係ではないかもしれません。媒介を宗教の本質として理解することは、何ら特別なことではありません。この見方は『キリスト論の根本問題』の中にすでに出てきます。ついでに言いますと、この『キリスト論の根本問題』は、熊野義孝三五歳の著作で、私は例の「翻案」のやり方で、フォーサイスの『イエス・キリストの人格と位置』に依存していると見ていましたが、最近、読み直してみて、そこに示された神学的な成熟の速さには舌を巻くものがあるのを感じさせられました。それだけに熊野義孝の神学の経過の中に発展的な変化の過程を指摘することは、そう容易ではないでしょう。いずれにしても、とりわけ『基督教概論』において、宗教的媒介から仲保者キリストへ、そして両性論的キリスト論、その人性の強調へという筋道ははっきり示されています。ですから、『基督教概論』において、さらにはすでに『キリスト論の根本問題』において、教会はキリストの体として理解されることが根本的なこととして語られていました。ただし、その頃は復活者の歴史的身体でなく、受肉者としてのキリストの体として語られていました。それが復活者としてのキリストの歴史的身体として主張されたのは、『教義学』(三巻)においてであると思われます。

ところで、「仲保者キリスト」がキリスト教信仰の中核部分として定位されて表現された例は、熊野義孝と共に東京神学大学において教鞭をとった北森嘉蔵においても同じでした。ただし北森の場合、愛の直接性に対し、神の愛は、罪によって断絶された者への愛であり、神の痛みによって媒介されるという主張でした。仲保者の向かう先は教会論ではなく、神の痛みとそれに基礎づけられた神の愛であり、つまりは神と神との戦いを含む三位一体論に向かいました。仲保者キリストの死は、熊野のように人性におけるキリストの死ではなく、神人一体性における「神の死」でした。他方、熊野義孝が「神の死」を語ることはありませんでした。彼は、キリストの人性の死というアンセルムスやカルヴァンの主張の線に留まりました。他方、北森における仲保者の死は、人間イエスの死ではなく、キリストにおける「神の痛み」として、「神の死」「神の十字架」として理解されました。キリストにおける神の死ということは、キリストの神性における死の理解であって、ルター的であったと言うことができます。熊野の人性の強調は、贖罪論としてはアンセルムスの説を継承したことになります。熊野『教義学』から引用すると、例えばこう言われます。「贖罪論がもっぱらイエス・キリストの『人性』と関わり合うことは、すでにたびたび説明してきたとおりである。……われわれはこれを『現実的人間』として表記することに不都合を覚えない。イエス・キリストすなわち現実的人間であり、それゆえに彼の業績が神に無比なる価値を認められたことになる」(8)。人間イエスの功績が語られます。しかし、イエス・キリストはまた同時に神の子として「子

(8) 前掲書、二一二頁。

なる神」「神性におけるキリスト」ではないでしょうか。そしてその十字架の死は子としての神の死でもあるのではないでしょうか。しかし、熊野義孝はこの考え方を再三にわたって否定しました。「この人間イエスは本来的に『神の子』であるからして、その『神人』としての行為が贖罪の基礎をなすということによって、その苦難と死における《communicatio idiomatum》が持ち出される。われわれはこの脱線をも警戒しなければならぬと思う(9)」と言います。これはどういうことでしょうか。熊野がキリスト両性論の人性を強調したのは、両性論的な位格的一致をなおざりにしたわけではないでしょう。むしろ形而上学的な陥穽を警戒したと言えるでしょう。しかし、それでも贖罪論におけるキリストの人性の強調は、熊野義孝の場合、神の死や神の苦難について語ることから離れます。

それではカール・バルトにおいてはこの問題はどうでしょうか。バルトにはキリストにおける神性優位の主張があって、「神の死」の問題は身近でした。この問題については、その後、エーバーハルト・ユンゲルのルター研究「生ける神の死について」(一九六八年。その後E. Jüngel, Unterwegs zur Sache, 1972, 105-125に収録)が著され、バルト、ユンゲル、モルトマンと継承された二〇世紀の「十字架の神学」が姿を現します。この「十字架の神学」を熊野義孝に語ることはできません。熊野義孝のキリスト論では「子にいます神の死」は意味深く語られることはなかったと思われるからです。

植村正久は、パウロの語るところを突き詰めるならば、「神の死」を考えるところまで行かなければ徹底しないと語りましたが、その主張は熊野義孝によって継承されることはありませんでした。

それよりむしろ北森嘉蔵によって継承されたという幾分アイロニカルな継承が発生しました。熊野義孝は「神の死」という問題を認めず、他方、北森嘉蔵はキリスト論から教会論へと進むことをしませんでした。北森において仲保者は救済の仲保者ではあっても、教会論の根基として明確に語られたわけではありませんでした。

私はどう考えているかと言えば、私たちは主イエスが人として生まれ、神の召しを受け、十字架への道を歩まれたこと、神への信頼と従順を貫かれ、苦難を負われ、神の御心の実現を求めて祈りのうちに十字架を負われ、私たちのために罪と死を担い、悪魔的なものに打ち勝って勝利の道を歩まれたと理解します。その道はまたそのままに子なる神の道であり、神は「わたしたちすべてのために、その御子をさえ惜しまず死に渡された方」（ロマ八・三二）であるとのパウロの言葉は割引なしに聞くべきであって、人間イエスの十字架の死はそのまま神の御子の十字架の死であり、十字架は人間イエスの苦難の十字架ですが、同時に子なる神による代償の十字架であり、三位一体の神の出来事、そしてキリスト論的な出来事です。この点で熊野神学は重大な不足を抱えているのではないでしょうか。熊野義孝はアンセルムスの人性による贖罪論の立場に立ったと言ってよいでしょう。そうであればまた、この点では熊野義孝はルターでなく、カルヴァンの系譜に近く立ったことになるでしょう。

（９）前掲書、二一三頁。

ただし、熊野義孝がルターとカルヴァンのどちらに与したかという問いを立てると、見当がずれてくるので注意が必要と思います。なぜかというと、熊野義孝の福音主義の捉え方があるからで、熊野は福音主義を宗教改革の信仰と捉え、それが公同教会を「醇乎」として継承し、表現していると捉えます。熊野義孝がその教理史の著書を高く評価したカッテンブッシュは、リッチュル学派の教理史家ですが、カルヴァンを評して、「ジュネーヴの偉大な人は、ルターがこれまでに見出した最良の弟子である」と書きました。熊野義孝も同様に見ていたのではないかと推測されます。熊野義孝はルターについて著作を著していますが、カルヴァンについては著作を残していません。ルターへの親密感を持ち、また別の文脈からですが「私はプレスビテリアニズムなどという舌を噛むような者ではない」とも語っていたそうで、熊野義孝の「福音主義」は宗教改革の精神としての福音主義でした。それがキリスト教神学を中世スコラ神学に見られたようなアリストテレスをはじめとするギリシア的形而上学の桎梏から解放し、古代の公同教会的信仰をその「醇乎性」において表現したものと評価しました。公同教会の混じりけなく純なる表現努力としての宗教改革的福音主義という理解でした。ルター派、改革派による「二つの宗教改革」という見方を彼はしていませんでした。こうした宗教改革と公同教会の連続性の理解が歴史的に正当な認識と言えるかと問えば、疑問は当然残るでしょう。しかし、プロテスタント教会の努力目標に関わる判断としては、福音主義を一致の形態で把握し、しかも公同教会の純粋な継承として理解し、その継承を志向した生き方は、人々の共感を得られないものではないと思われます。

ここで問題にしたいのは、ただキリストの「人性」を強調した贖罪論の立場についてです。熊野義孝の贖罪論は、結局のところ、アンセルムス－カルヴァン的な贖罪論の系譜にあることは明らかでしょう。確かにゴルゴタの十字架は、その前夜に血の涙を流して祈りに徹した人としてのイエスの十字架です。しかしそれは同時に、子なる神・キリストの十字架であり、したがって神における十字架、神における苦難と死とも言わなければならないでしょう。イエス・キリストは十字架にかけられて死んだ数ある人の一人ではなく、独一的な、人にして神なる秘義的な人格のお方として十字架におかかりになりました。この点では、ルターが、職人ハンスが寝るときに外套を脱いで寝るように、キリストは神性を脱ぐことはないと語り、常に神にして人である神人統一、位格的一致のキリスト論に立って十字架の神学を語ったことは重んじるべきでしょう。そしてこの線は、植村正久の主張の中にあったもので、北森嘉蔵は彼なりの仕方で「神の痛み」の概念によって表現しました。植村から熊野へと継承されなかった論点もあったのです。

3　熊野神学における終末論

熊野義孝の神学が終末論的な神学であったということは、多くの人が口にし、耳にしてきたのではないかと思います。『教義学』（三巻）を読んだことがなくとも、熊野義孝の注目された著作には、『終末論と歴史哲学』（一九三三年）という三三歳の時の書物があり、それが当時、神学関係者の枠を越えて、日本の思想界に強い関心と高い評価を得たことも聞いた人がいるかと思います。実際、その著作は哲学者の西田幾多郎や三木清から高く評価されたと言われます。もっともそれには背景があって、東京神学社の先輩であった逢坂元吉郎が、友人正力松太郎との関係で、読売新聞の宗教欄を担当するようになり、熊野義孝にも書かせるようになったこと、またさらに逢坂が同郷の師であった西田幾多郎に熊野を引き合わせたと言われます。西田幾多郎との関係からではないかと思うのですが、熊野義孝の著作には『弁証法的神学概論』がすでにそうですが、「自覚」という言葉が重大なところで使用され、西田哲学との関係を感じさせます。このことは、『基督教概論』にも及んで、「歴史的信仰とは既に救い上げられた者の反省的自覚である」(二一二頁)とか、「この媒介者による人格的生成を自覚的面に訴えて思惟するところに神学的態度が生ひ立つ」(八五頁)などと語られています。「人間の存在に関する自覚を外にしてキリスト論は成立しないのである」(『キリスト論の根本問題』、『熊野義孝全集』第五巻、二二二頁)などとも言われます。私はこういう西田哲学への接近をうかがわせる用語の採用をかならずしもよいとは思っていません。「自覚」という用語を神学の中で意味を込めて使用するなら、むしろ西田が語った「自覚」とどう違うかを語りながらの方がよいと思います。私自身は、キリスト教神学、とりわけ教義学の思惟を西田哲学の用語で表現しようとは思いません。

話は熊野義孝以外にも及びますが、熊野と世代の近いところで、渡辺善太の聖書正典論が、やはり西田幾多郎の「場所的論理」を引き継いだその弟子たちの「場の論理」を決定的な契機として成立しました。私にはこれもキリスト教神学として肯定できるとは思われません。言うまでもなく「場所」はすでに聖書において重要な意味を持っています。それは「創造の空間」として「被造物の空間」としてあり、その上で「約束の地」としてあるいは「新しい天・新しい地」の待望に方向づけられています。そこにキリストが充満し、聖霊が満ちるとき空間は神の現臨の場として聖化され、完成されます。そのように聖書では、空間や場所は、神の御意志によって神の救済史の中で歴史化され、時間化されています。キリスト教神学はより真剣に歴史的に思惟すべきであると、私は考えています。これに対し、西田哲学は反歴史主義、アンチヒストリスムスの思想家でした。

しかし、この問題はこのくらいにして、問題は終末論です。『終末論と歴史哲学』を著した熊野義孝は、『教義学』においても終末論を強調しました。強調しましたけれど、『教義学』のどこにも「終末」そのものは扱われていません。このことがこれまでどれだけ注意されてきたか分かりませんが、私には重大なことと思われます。『教義学』（三巻）の中に「論」としての「終末論」は繰り返し語られます。それははじめから、啓示の終末論的構造からして終末論が語られます。けれども、「終末そのもの」のことは語られない。つまり熊野義孝の終末論は、「終末なき終末論」です。これをどう理解し、どう評価したらよいのでしょうか。

熊野義孝の終末論が「終末なき終末論」であるという意味は、「終末論」や「終末論的」という言葉は頻発するけれども、終末の事柄はほとんど語られないということです。終末の事柄とは、世の終わりに起きると約束された事柄、あるいはそれらが世の終わりをもたらすとされている事柄のことです。具体的に言うと、キリストの栄光の体における「再臨」であり、「最後の審判」であり、「死者の復活」であり、「新しい天と新しい地」の到来です。あるいは「千年王国」であり、「神の国」のまったき到来です。それらは、通常、教義学の最後に扱われる事柄とされますが、熊野義孝『教義学』（三巻）では一切扱われませんでした。

それでは熊野義孝『教義学』（三巻）の最終部分には何が記されているのでしょうか。最終部分は、第五編「自由と完成について」とされています。そしてその中味は、キリスト者の信仰と善行、それに祈りと自由、そしてキリスト者の完全についてです。それから教会、その召集、形成、組織、規律、そして聖礼典について、そして最後は、教会論の周辺として「宣教活動」と「教会の展望」が扱われ、そこで終わっています。「教会論の周辺」としての「教会の展望」が教義学の最後の項目とされ、つまりは「終末」の事柄は欠如しています。熊野義孝自身の言葉で言うと「教会論から終末論（終末の希望についての教説）というのが常道であるが、内容のうえからいえば、それを逆にしたほうが適当である。私はここでその順序に沿う論程をたどってきたと思う」[10]とあります。しかし「終末の希望」といっても何も終末のことがないのにその希望などあり得るのでしょうか。このことは熊野が教会のない教会論など一瞥もしなかったことを考えてみるべきです。さらには、キリストのいない、またイエスのいないキリスト論なども彼はまったく考えもしませんでした。しかし、終末論については終末なしに終末の希望を語ろうとし、終末なしに終末論的に思惟することを主張したのです。つまり、熊野は終末の事柄自体を真剣に考える必要性を感じなかったわけです。

重大なのは「終末」そのものではなく、「終末論的に考える」ことでした。黙示録的な幻想や迷信のごとくに描かれた終末の事柄そのものは、非神話化されて解釈され、「終末論的思惟」の中に解消されたわけです。熊野義孝にとって終末論的な思惟が重要でした。『終末論と歴史哲学』の中でもそれは明らかに示されていますが、『教義学』（三巻）の中でも同じで、彼にとっては神学的に考えることは終末論的に考えることと同じでした。神学するということは、熊野義孝にとっては終末論的に思惟することを意味したわけです。このことは、神学と世界観の区別を熊野はしきりに語りましたが、そこにも見て取れます。世界観的に世界を観察することでなく、いますでにある世の終わりに立って、世とその歴史に対し断絶的に、あるいは不連続による連続において思惟するのが神学であり、神学とは終末論的な思惟でした。このことから熊野の終末論についても特質が明らかになります。それは将来的な終末論ではありません。結局、現在的な終末論でした。一九二〇年代以降の熊野の言う「現代の神学」は、多かれ少なかれ皆、「現在的終末論」でした。バルトでもブルンナーやブルトマンでも、ゴーガルテンでもティリッヒでもそうでした。『ロマ書』第二版でバルトは、キリストの再臨などあり得ないことははじめから明らかだと書いて、だからそれが遅延したとして、何も悩まされることなどないと書いています。未来（将来）の終末など考えてもいないのです。終末が来るというなら、今現在、上から来るというわけです。彼もまた相当に啓蒙主義化さ

（10）　前掲書、四三七頁。

れていたということでしょう。

終末の事柄の神学的思惟への解消ということは、終末ではなく終末論を学ぶことで神学的に考えることを学んだということです。これは、一九二〇年代の神学によって神学を学んだということになるでしょう。さらに加えると、当初、弁証法的神学の影響下においては、神学的に考えることは「弁証法的」に考えることでさえありました。「神学的」と「弁証法的」と「終末論的」が一塊に理解されていたことがあったように思われます。しかしいくら何でも、それはひど過ぎると言うべきでしょう。「弁証法的」ということがそれほど偉いことでしょうか。神の真理が弁証法的に正・反・合（テーゼ・アンチテーゼ・ズンテーゼ）の運動をし（ヘーゲルならそう考えていたでしょう）、あるいは逆説的弁証法の意味で、連続・不連続、超越的切断・継承的連続の同時性の形態で、弁証法的に認識され得るでしょうか。ヨーロッパでは一九三〇年代になっても「弁証法的」ということがよほど偉いことと思われたのか、ティリッヒなどバルトを批判するのに、本当に弁証法的なのはバルトではなく自分の方だと主張しました。今では、私はそういう主張には感心できず、笑ってしまいます。弁証法がそれほど重大か、神の真理が一定の弁証法を取るわけでもないし、弁証法で認識されるわけでもないだろうと思うのです。神は真実自由なお方であって、その御意志にのみ拘束されて行為するでしょう。弁証法などで枷を嵌められるお方ではありません。要するに、人々は弁証法を偉大とする時代精神に拘束されていたのではないでしょうか。同様に、永遠と時間の「質的断絶」とか「不連続の連続」といった考え方、あるいは「歴史における超歴史」とか、「超歴史的なものの歴史化」といったこと、あるいは過去でも将来でもない「永遠の今」といった現在理解を「終末論的思惟」として偉いことのように見て、それこそ神学的思惟のあり様だと考える時代精神に拘束されていたのではないでしょうか。それで終末論が神学序説の役割を果たしたのではないでしょうか。

熊野義孝も終末論が「キリスト論の前提」とか「キリスト論の構造」とか言ったことがあります。キリストにおける歴史と超歴史の関係規定を終末論的と言ったのでしょうが、終末論は神の経綸の最後の業に関する議論として使用する方がよいと私には思われます。終末論を、キリスト論を規定する位置に置いて「受肉の論理」の終末論的構造を主張するのは、終末論を終末の事柄から切り離すと共に、神学即終末論として拡大解釈していることになります。キリスト論と終末論の関係を言えば、むしろキリスト論は、三位一体論や聖霊論と共に、終末論の主体に位置するはずです。

弁証法的神学あるいは神の言葉の神学は、一九二〇年代に登場し、一九六〇年代まで活躍しました。同じく「神の言葉の神学」といっても、その内容は多彩で、バルトのように「神中心的」、「キリスト中心的」な神学もあれば、ブルンナーのように神と人との「出会い」を支点にした神学もあり、ブルトマンのように実存論的つまりは人間学的な「自己理解」を支点にした神学もありました。あるいは神の言葉の神学とは別に、アルトハウスのようにルター派の基本に立ちながら「原啓示」を主張する神学、あるいはティリッヒのように「新しい存在」を語る哲学的な神学もありました。しかし共通して言えることは、この世代は、それ以前の歴史的、歴史主義的な神学に対する批判から、非歴史的、あるいは超歴史的で、結果的には過去や未来でなく、現在に意識を収斂させる現在主義的思惟の神学を展開しました。救済史的に考えるよりは、「現在的終末論」の思惟で考えました。そこで神学から世界と歴史、あるいは歴史的世界や世界史が無視される傾向にありました。熊野義孝は「伝統」の意味に注目し、終末論的なものがいかにして「歴史」を採るかを問題にしましたので、この世代の中で独自の歩みをしたとも言えるでしょう。さらには彼は短くですが「神の世界統治」についても記しました。しかしそれでも教義学的思惟からの世界の喪失、世界史の欠如、さらには宇宙の排除というか、稀薄化が見られたことは、否定し難いでしょう。しかし二〇世紀後半以来、人々の問題意識から世界や歴史、地球や宇宙を消し去ることはできません。私は教義学全体を九部構成にして著述したのですが、その第八部に「神の世界統治」を入れることに多少の努力を払いました。キリストにおける神の贖罪行為に基づいて救済論が語られる時、それが教会として、またキリスト者として語られるのは当然ですが、そこから世界が欠如するのは、神の御業に対して適切であるとは思えません。神と人間だけではなく、神の御業が教会を根本に据えながら、人間と世界に関わることが理解されるべきでしょう。ヘンドリクス・ベルコフがその教義学に「世界の更新」（The Renewal of the World）という一項を入れ、ヴォルフハルト・パネンベルクが現実全体を歴史として捉え、神と歴史を神学の主題にしたのには、やはりそれなりの理由があると思うのです。熊野神学を「無世界主義」（Akosmismus）と言ったら、言い過ぎになるでしょうが、「世界観」（Weltanschauung）になることを忌避して、無世界主義に接近したのは、実存論的神学においてそうであるように、一九二〇年代の神学には陥りがちな傾向だったと思われます。あの世代の神学が第二次世界大戦以後も影響を発揮し続けたのはいったいなぜだったのでしょうか。第二次世界大戦の巨大な歴史的悲惨の経験の後に、神学が非神話化とその論争に明け暮れた時期を持ったのはなぜなのでしょうか。人間の意識はしばしば現実についていけず、現実によって追い越され、現実のはるか後からようやく腰を上げるせいなのでしょうか。あるいは人間の意識は常に苦難の現実に対し、現実逃避を希求しているからでしょうか。よく考えてみなければならないでしょう。

4　熊野義孝におけるトレルチ理解

この関連で、最後に『教義学』の外に出ますが、熊野義孝の歴史の理解に関係して、トレルチ理解の一つの問題に触れておきたいと思います。熊野義孝には『トレルチ』という著作があります。プリンストンでトレルチの『キリスト教の絶対性と宗教史』で博士論文を書いたある人が、熊野義孝の『トレルチ』はE・シュピースのトレルチ研究そのままではないかと言っていましたが、それは「翻案」のもたらす弊害で、実際にはそれだけで片付けられるものではないと思います。熊野義孝には、エルンスト・トレルチに対する深い造詣と尊敬がありました。『トレルチ』を著す以前に、熊野は『現代の神学』の中で、トレルチが記した近代史や神学史の理解に負っていることを表明しています。また『現代の神学』の他にも、『教義学』（三巻）の後に著した『日本キリスト教神学思想史』のような優れた歴史の著述があって、熊野義孝のこの優れた歴史叙述の面を佐藤敏夫は「トレルチ的」と呼び、熊野はそれを喜んで受け入れています。その歴史的手法はトレルチのような社会学的、社会思想史的な方法ではないのですが、熊野義孝が教義学的思惟と共に、もう一つ別な歴史研究的に鋭敏な感覚を持っていたことは、広い意味で「トレルチ的」と言ってよいのではないかと思います。こうしたトレルチに対する尊敬と理解から、また歴史研究の意味に対する感覚からして、熊野義孝以来、「バルトとトレルチ」というおよそ両極と言うべき神学者のどちらからも学ぶ学統が東京神学大学に成立したという自称が、一時期、佐藤敏夫を先頭にして東京神学大学の組織神学関係者の間で語られました。私もその「バルトとトレルチ」の学統の中に身を置いて育ったと言ってよいでしょう。実際、熊野義孝がトレルチに学びながら弁証法的神学の理解を深めたことは、『現代の神学』に代表的に示されています。ただし、「バルトとトレルチ」という言い方で、両極端とも言える二人の神学者から何を学ぶか、そしてその二人に対してどう対処するかということには、突き詰めた姿勢や明確に一致した結論があったわけではありません。佐藤敏夫は、「トレルチはバルトを学ぶうえでの最良のコメンタリーである」と語っていました。それはバルト神学が登場してきた文脈を知るうえでトレルチの著作に習熟することは不可欠なことという意味だと私は理解しました。この場合、トレルチはバルトへの通路であり、バルトを目標にしてその手段になります。熊野義孝の場合も概してそのようであったと思われます。そのことは、その著作『トレルチ』の中に記されているトレルチ批判、例えば歴史主義的な相対主義に陥り、人間の死の事実を深刻に考えていなかったといった批判に現れています。

私はトレルチを学位論文の主題として扱ったのですが、トレルチを無気力な相対主義に陥った人とは思いませんし、死の問題を喪失した文化主義者とも思いません。彼が歴史的相対主義を超えて形成的な行為に赴くところに、むしろ彼の特徴を見るべきであると思っています。トレルチの歴史主義は相対主義的歴史主義ではなく、歴史的相対的なものの中への神的なものの到来を受けて決断と行為に赴く、いわば「神学的歴史主義」でした。そこで、私の場合、バルトを主たる目標にしながら、その最良の途上としてトレルチに学ぶという方法を採りません。バルトは桁違いな力量を発揮した神学者ですが、私はバルト神学を独一的な神学の体現者として、それに執着やこだわりを持つつもりはありません。私はむしろトレルチによってバルトを批判し、バルトによってトレルチの不足を思います。目標とするのはバルト神学への通暁ではなく、むしろ「バルトとトレルチの総合」を図る、なかなかそんなふうにはいかないことは承知の上で、それでもトレルチの歴史的思惟とバルトの教義学的思惟の二者択一を越えて、「歴史的啓示」に基づく歴史的かつ霊的・神学的な認識を求めるという姿勢を貫きたいと思っています。

それでは熊野義孝は、トレルチから何を学んだのでしょうか。明らかなことは、熊野が宗教改革以後のプロテスタント史、そして啓蒙主義以後の神学史に対するトレルチの見方に学び、さらにトレルチの宗教哲学に熟知されたことです。熊野義孝はよく「宗教哲学よりむしろ宗教学を重んじる」と言っていましたが、これもトレルチの宗教哲学の中に表現されており、そこから出てくる当然の言葉です。それ以外のこともあったかと思いますが、概してトレルチから弁証法的神学が登場してこなければならなかった神学史的文脈の理解を学んだと言ってよいのではないでしょうか。

私としては残念なことなのですが、私自身が感銘を受けた点に熊野義孝は一瞥もしていません。それは、私もトレルチからいろいろ学びましたが、その中でも重大と思っているのは、彼の近代史の見方であり、そこに見られる一つの特徴です。彼の大著『社会教説』やマックス・ヴェーバーの代わりに行った講演による論文『近代世界にとってのプロテスタンティズムの意義』といった著述にそれが記されています。後者の中に「近代の最善」という言葉が出てきます。つまり近代は諸問題の変化や錯綜、そしてその危機にあります。そしてその危機認識の深刻さがトレルチを「危機の神学」の嚆矢にしていたのですが、それでもトレルチにおいて近代はただネガティブにだけ見られたわけではありませんでした。トレルチは近代を確かに高まる危機の中にあると捉えましたが、しかし同時に近代には「近代の最善」があったと語り、トレルチはそれを「自由と人権」の中に認めることができると語りました。その上で、この「近代の最善」がどのような由来を持ったかも問題にしました。そしてトレルチは、いわば「プロテスタント的近代」があったと語ったのです。そしてそれはフランス革命が示した「合理主義的近代」とは異なると言いました。近代にはフランス革命のような合理主義的革命があるだけでなく、キリスト教的伝統を重視した「プロテスタント的革命」もあるとトレルチは語りました。この主張は、プロテスタント的な「三大革命」を主張したオランダのアブラハム・カイパーの歴史理解に見られたもので、それがカイパーの有名な「プリンストン講演」に出てきます。トレルチはこの点でカイパーという「新カルヴィニズム」の偉大な思想家から明らかに学んでいます。その近代認識、近代とキリスト教との関係の影響は、さらにハイデルベルクの親しい先輩仲間であったゲオルク・イェリネックの法制史的研究とも結びつきました。マックス・ヴェーバーもこれに注目したことは、カイパーとの関係などはまったく抜きにした形で、日本では一般周知のことと言ってよいでしょう。

しかしヴェーバーにとっては、プロテスタンティズムはすでに昨日のものになっています。ヴェーバーの主体性は決してプロテスタント的ではありませんでした。そこにヴェーバーに対するトレルチの対立点もありました。トレルチにとっては、プロテスタント教会とプロテスタンティズムは決して過去化したものではなく、今日の生き方であり、明日を切り開く力をなお保持している可能性に富んだ歴史的に不可欠な勢力でした。未来を託すべき信仰集団を意味していたと言ってよいでしょう。

残念ながら、熊野義孝は、このトレルチの「プロテスタント的近代」を取り上げませんでした。その点から見ると熊野の近代の見方は、およそ近代全体を一九世紀ドイツの近代神学に代表させて見る見方になり、キリスト教から脱落した時代として見ることになり、その見方そのものは「反近代的な性格」を帯びたように思われます。

しかし日本において「プロテスタント的近代」の意味を捉えず、「反近代」に立って、いったいどうなるのでしょうか。教会は「反近代的な歴史解釈」に立つべきでしょうか。それでは、植村正久が「社会の木鐸」と語った教会の世界政策的発言は失われざるを得ないのではないでしょうか。その結果はプロテスタント神学からの社会倫理の喪失になると思われます。現代の福音主義の教会は、教義学による信仰の深い根拠づけをもって福音を生命的に宣べ伝えなければなりませんが、その教会が信仰を持ってこの世を生きるとき、グローバルな問題にどう取り組むのかという課題も引き受けて、教会の世界政策を表明しつつ前進しなければなりません。イエス・キリストを主と信じ、世界の王と信じる教会的信仰は、その課題を負って前進しなければならないと思われますし、前進することができるはずです。近代の成立とプロテスタンティズムとの関わりを認識し、近代の最善の受け継ぐべきものは受け継ぎながら、近代の危機の克服をわれわれの課題とすべきでしょう。しかしこの問題は、教義学ではなく、より一層弁証学や倫理学の問題、あるいは別個に「キリスト教の世界政策」の問題として探究されるべきでしょう。しかしそれは、教義学によって根拠あるものにされていなければなりません。しかし今回はこれ以上に話を拡張するわけにはいきません。

以上で、今回の私の講演を終わらせていただきます。私の話が、熊野義孝に対する尊敬を欠いて、死者の尊厳と人権を損なうことがもしあったとしたら、それは私の本意ではありません。熊野義孝の『教義学』は、その完成から五七年を経た今日、なお学び直しを求め、その継承と克服とを新しく求めているというのが、私の結論です。

付論　熊野義孝のもう一つの問題
――「教会は国家目的に仕える」のか？

熊野義孝『日本キリスト教神学思想史』（一九六八年）は、『教義学』（全三巻、一九五四―一九六五年）という円熟期の仕事を終えたこの著者の晩年に属する著述である。しかし晩年と言うにはなお勢いのある筆力が発揮され、前半の史論の部分についても、また各論的な後半部分についても多くの議論を引き起こし得るものである。事実、この書の高倉徳太郎の記述は佐藤敏夫の反論を引き起こし、その逢坂元吉論の記述は赤木善光による逢坂の継承をもたらした。ここではその植村解釈の一節について言及しておきたい。

熊野義孝の植村論は「植村正久における戦いの神学」と題され、植村正久の神学的構えの特色とその力量が、著者ならではの着眼と資料によって叙述されている。植村の晩年の弟子であった著者自身の位置的な利点が前提されていると共に、教義学者である著者が同時に優れた歴史的感覚を保持した神学思想史家でもあった事実を示している。熊野は植村の戦いを日本の「福音宣教における戦い」と捉え、「国民的自由教会の建設に渾身の勇をふるった」と語った。その植村自身の立ち位置はおのずから明らかで、「広義における改革派諸教会の流れに沿った」もので、「イギリスに受容せられたカルヴァンの思想系譜に沿っている」（二四七頁）と表現された。その上で「国民的自由教会の建設によって国家目的に仕え、遂に神の国の理想を道徳社会の実践に直結せしめるという努力は、紛うかたなくこの伝統路線を明証している」（二四八頁）と熊野は語った。

熊野の植村論は、さらに「神学を教える人」としての植村の記述など、優れた視点から展開されたが、「伝統路線」についての記述は、以上でほぼ尽きている。さらにこれ以上を辿るとすると、植村の言う「福音主義」が熊野自身のそれとは異なり、植村は純然たる宗教改革の立場でなく、その後の一八世紀以後の敬虔主義的信仰復興運動にかかっている点に注目する必要があるであろう。またそうでなければ「福音主義的自由教会」の路線を歩んで、日本における教会建設の道を構想し、そのため海外からの教派的教団の直輸入でなく、宣教師指導からの自由の主張にもなったことは理解され得ないであろう。「広義における改革派諸教会の流れに沿った」植村の伝統路線は、一六世紀の宗教改革そのものの継承ではなく、また一七世紀の正統主義の継承でもなかった。E・トレルチの区別によって言えば、明らかにジュネーヴの「古カルヴィニズム」の継承でない一八世紀以後の「新カルヴィニズム」の継承であり、自由教会型の改革派諸教会の継承であった。トレルチを熟知した熊野がなぜこのカルヴィニズムの二形態のトレルチ的な区別を語らなかったのか、その理由は不明である。ただこの区別に注目すれば、熊野自身の福音主義の概念と植村の福音主義との相違はいよいよ明白になったであろう。

熊野義孝は、植村正久の教会路線と見なし、また彼自身の教会形成の路線表現としてもしばしば「国民的自由教会の建設」を語った。しかしその内容はかならずしも明らかではない。「国民的自由教会」とはいったい何か。「自由教会」は「国家的教会」とは対立的に立つ。その背後には、教会と国家の分離の主張がある。教会と国家の分離は、国家の宗教的中立性を求め、ベラーの言う市民宗教はあり得るにしても、国家自身の世俗性を前提する。また状況が先行して、日本やアジアのように異教的な地域における国家形成の中に教会建設を志向する際、「自由教会の建設」は、教会と国家の分離によって、国家の宗教的支配を廃し、自由な社会空間の設定を望んで、そこに教会建設の場を求めることになる。これに対し、ヨーロッパに見られる「教会と国家の区別」の主張は、「分離」に替えて「区別」を語ることで、国家の世俗性、宗教的中立性、脱キリスト教性を志向しない。キリスト教的国家形成の余地を残そうとする。当然、「教会税」の存続も可能とされる。これを日本において求めることはおよそ不可能で、教会と国家の分離が日本においては立憲主義的に唯一実現可能な道と思われる。

以上のように考察して、それでは「国民的自由教会」とは何であろうか。自由教会は国民的でなければならないのか。またナショナルでなければならないのであろうか。海外教会への依存でなく、自由な教会の責任的形成を日本において試みるということであろう。教会は国家に依存する国家的教会であるべきではなく、また海外教会に依存した教派的な支店のような教会であるべきでもない。しかしまた、教会にことさら一国主義的な規定も、民族的な規定も施す必要はなかったのではないか。「自由教会」は何も「国民的」と規定される必要はないと言うべきであろう。

熊野義孝が植村正久の教会形成路線を語って、「国民的自由教会の建設によって国家目的に仕える努力」という仕方で語ったことは、率直に言って、理解に苦しむ。植村はいったいどこで「国家目的に仕える教会の建設」を語ったであろうか。もしそれがなされれば、むしろ正され、修正されるべき教会理解になるであろう。そもそも教会はその建設をもって「国家目的」に仕えるべきなのであろうか。そうしたことを語るのであれば、そもそも「国家とは何か」「その目的は何か」を明らかにしてかからなければならない。それを抜きにして国家目的に仕える教会建設などという発言は、神学的発言と言えるものではないであろう。神学的国家論を創造論的秩序概念から語るにせよ、あるいはキリスト論的国家論を語るにせよ、教会建設が国家目的に仕えるなどという表現は出てくるはずはない。むしろ逆に、国家の目的は教会建設に仕えることにあると主張する権利を保持しなければならない。教会建設がそもそも国家目的に仕えるものであるならば、何も遠回しに伝道者・牧師になる必要はない。手っ取り早く、いっそのこと政治家におなりなさいと言いたい。熊野義孝は植村正久の神学思想をフォーサイスの著作名に託して、「教会と国家の神学」とでも言うにあると、正当に語った。しかし彼自身はこの点では植村にまったく反して、自らの国家論を一切語らなかった。しかし熊野は、「教会の建設は国家目的に仕える」との主張を植村正久の努力方向と言い、同時に彼自身の努力目標としても主張した。

熊野が彼自身の主張として教会と国家目的とを重ねて語ったのは、『基督教概論』二〇〇頁においてである。そこにおいて熊野義孝は、「福音的教会の理念」を語り、その実現化として「健全な国民教会的建設」を語り、それは「国家目的の遂行における堅固な協力一致を少しも妨げない」と記した。そのときの「国家」とは、執筆時には敗戦直前の「大日本帝国」であったが、それが出版された時には敗戦国として民主国家に改造されようとしていた「日本国」に変えられていた。しかしその時点での熊野義孝にとっては、どちらでも同じであったのではないか。どちらにせよ、こういう国家と教会についての語りを責任的と言うことは困難であろう。神学的な表現としても承認できるものではない。こうした文章を記す誤りが、戦前戦後を貫いて、日本のキリスト教会の弱点をなしたのではなかったか。この線に立ってキリスト教的国家論を含む神学的な世界政策を明らかにすることはできない。

このように考えると、「教会は国家目的に仕える」といった言辞はただもっぱら教会的権威による統一文化、いわゆるコルプス・クリスチアーヌムの中でのみ通用する言辞であるように思われる。地上の権力による迫害下にあった古代キリスト教会ではおよそ成立する説ではなかったし、現代の異教的国家の地域にあっても原則的に妥当する言葉ではない。教会は現実に国家目的をめぐる戦いの中に置かれている。プロテスタント教会の教義学における国家をめぐる神学的認識は、バルトのキリスト論的国家理解にしても、彼が非難したルター派の二王国説にしても、なお貧困な状態にあることを免れていない。それはキリスト教的支配を当初帝権に委ね、やがては国権に委ねてきた教会と神学の欠陥が、現代にも引き継がれたからではないであろうか。神学は改めてこの問題を真剣に引き受けなくてはならないであろう。その中で立憲主義的、デモクラシー的な国家理解との積極的な関わりを提示すべきであろう。つまりは、国権を相対化しなくてはならない。国民国家・民族国家は、コルプス・クリスチアーヌムの中から生じて、近代の最も大きな勢力になった。今なお人類は民族国家の支配の時代を経過している。民族国家の支配権を削ぎ、少なくとも相対化させることは、今なお重大な課題である。教会は国家目的に仕えてはならない。国民国家の支配権を削いでいかなければならないであろう。

プロテスタントの神学的国家論は、国家を「立憲主義的国家」として定着させ、自由な社会の中で、神と教会の前にその使命を限界づけ、人格と人権の諸価値、そして種々の歴史的文化諸価値の形成展開に仕える国家であらしめなければならないであろう。国家は自由な社会建設のために仕え、その自由な社会空間の中に教会は形成される。国家の建設が、教会目的に仕えると言うべきである。

この関連では、むしろ植村正久自身に立ち帰って考察を重ねたほうがよい。植村は、大日本帝国憲法があたかも信教の自由を約束したかのような甘い憲法認識に立っていた面もあるが、しかし教会と国家の関係をめぐっては、非国教徒のピューリタンに対する親近性を表明し、そこに模範を見出していた。「自由教会」はキリストのみを頭とし、唯一その権威に服し、一切の他に対して自由を保持する。それゆえ植村は、自由教会は国家の干渉に対し「強固なる抗弁者として立たんと欲す」（『植村正久著作集』第二巻、一七一頁）と語り、「英国非国教徒の熱心と活動とを学ばねばならない」（同書、三五二頁）と書いた。

これに対し、日本のプロテスタント第二世代では、概してピューリタニズムとの接続意識は希薄化した。この稀薄化は、ドイツ語圏の神学の流入によって促進されたが、その事情は弁証法的神学の流入によっても変化はなかった。熊野義孝が福音主義を言うとき、弁証法的神学の影響下に、福音主義とは「宗教改革の精神」と語った。そのときピューリタニズムは無視されたままであった。組合教会の中でも、一七世紀の会衆派に接続する試みは見られなかったのではないか。

日本プロテスタント神学思想史の概略を言えば、その第一世代は好むと好まざるとにかかわらずピューリタンとの関係意識を保持していた。しかし第二世代はそれを欠如した。熊野は弁証法的神学との接合のゆえに、北森嘉蔵はルター思想へのコミットメントのゆえに、ピューリタンとの接合の契機を希薄にした。そのため一九六〇年になって、ニューヨーク・ユニオン神学大学から帰国した大木英夫は、その学位論文で扱ったピューリタン倫理の研究を日本に発表するに当たって、「復初」を語ることをしなければならなかった。「復初」とは、具体的には植村正久への回帰を意味していた。

植村が思い描いた国家の理念は、近代的自由による立憲主義的国家であったが、植村は日本における教会建設の遂行に際し、その国家を大日本帝国憲法によって要請するほかはなかった。しかし現実の大日本帝国憲法は天皇主権に基づく欽定憲法であり、真の意味での立憲主義やそれによる国家の規定、権力の制限などは、わずかに形成途上の可能性に過ぎなかった。近代的立憲主義の基本にあった人権尊重の規定も不十分で、信教の自由も条件付きの相対的な形での規定に過ぎなかった。

その大日本帝国憲法に訴えながら戦うほかなかったところに、植村の戦いの時代的な制約と悲劇性があったのである。

その悲劇性は、神権天皇制を骨格とした大日本帝国憲法が「欽定」され、教育勅語が「下賜」されるに及んで、そのよってくる源泉が明確化し始め、内村鑑三不敬事件、その後の宗教と教育の衝突、そして明治三二年の文部省訓令第一二号といった形態を取って具体化された。熊野義孝も明治二〇年代の状況を「国家と宗教」の問題として記述している[1]。しかしその記述内容は、そもそも憲法上の悲劇的な規定の下で勝利無き戦いであらざるを得なかった宿命的悲劇についての認識としては不十分であったと言わざるを得ない。

（1）『熊野義孝全集』第一二巻（新教出版社、一九八二年）、七〇〇―七三八頁。

第五章　北森嘉蔵の「神の痛みの神学」とその問題

1　早熟な開花

北森嘉蔵は、旧制第五高等学校在学中、一九三四（昭和九）年八月、日本福音ルーテル熊本教会において洗礼を受けた。彼は一九一六（大正五）年の誕生であったから、一八歳の時であった。彼はその直前のほぼ二年間、熊本で求道の時を過ごしたが、大きな転機になったのは、その年（一九三四年）の六月、第五高等学校の花陵会の図書館において、前年に出版された佐藤繁彦の著書『ルッターの根本思想』（昭和八年）を読んだことであった。それを通して北森は、佐藤繁彦に触れると共に、ルターの信仰と神学に引き込まれた。熊本市内のほとんどすべての教会を訪ね求道してきた北森は、この著作による佐藤繁彦との出会いを通し、また彼を通してルターを知ることによって、ルーテル教会で洗礼を受けることを決心したと言う。「ルターは私の直接性の息の根をとめた」というのが、その出会いについての北森の表現である。「直接性」とは、その後も北森がしばしば使用する用語であるが、自己自身としてあるがままの即自的、直接的な様態であり、直接性にあるかそれとも他の何ものかに媒介されてある他者媒介的様態かが、彼にとっては重大な関心事であった。そのうえで北森は、イエス・キリストを介することのない直接性のままである自己についてのみならず、「直接性の宗教の空しさ」を教えられたと語っている。[1] 翌一九三五年、北森は第五高等学校を卒業し、佐藤繁彦のもとで神学を学ぶことを志して、日本ルーテル神学専門学校に入学した。しかし佐藤繁彦はその年の四月に死去し、佐藤のもとで学ぼうとした北森の願いは果たされることはなかった。

北森による「神の痛み」という用語の使用がはじめて登場したのは、旧日本福音ルーテル教会発行の『るうてる』（昭和一一年六月号）に掲載された「隠されたる神」についての論稿の中であったと言われる。それは、日本ルーテル神学専門学校入学の翌年のことであり、洗礼を受けて二年、北森嘉蔵が二〇歳の夏であった。そこには「神の愛が神の怒に打ち克ってこれを突き抜けようとする事実こそ、神の痛みに外ならない」と記され、「神の痛みに基礎づけられし神の愛」が語られたと言われる。[2] またその翌年、一九三七（昭和一二）年のクリスマスには、北森は日本ルーテル神学専門学校の卒業論文「キリストに於ける神の認識」を脱稿している。二一歳の時のこの卒業論文には、後の『神の痛みの神学』（一九四六年）の大部分がすでに語られており、『神の痛みの神学』に付録として加えられたエレミヤ書三一章二〇節の考察も、また、「十字架につけられたキリスト以外何も知るまい」（一コリ二・二）とあるのに基づき、キリストの十字架を「神学的公理」とするとの主張もそこにすでに語られている。さらに言えば、『神の痛みの神学』の出版に続く、北森の著作『今日の神学』（一九五〇年）の近代神学批判も、その卒業論文の中で内容的にすでに先取りされていると言うことができよう。北森嘉蔵の「神の痛みの神学」の成立のこの驚くべき早熟さは、この人の天賦の資質によったと言わなければならないであろう。

北森の早熟が開花した昭和一〇年前後の日本キリスト教の神学事情を言えば、昭和初頭のＳＣＭ運動が急速に姿を消し、弁証法的神学がキリスト教界内外の思想的関心を引き付けた時期であった。佐藤繁彦のルター研究の出版の前年（昭和七年）には熊野義孝『弁証法的神学概論』が、また同年には桑田秀延『弁証法的神学』が、そして熊野義孝『終末論と歴史哲学』が出版されており、翌年（昭和九年）には菅円吉訳『ブルンナー・神と人』が出版されている。しかし北森がこれら当時の風潮に動かされた痕跡はない。彼はひたすら彼自身の求道の筋道に即して、「愛の神」をめぐる神学的探究に突き進んだと思われる。

2　「神の愛」の探究

北森嘉蔵の神学的探究は、こうして彼の信仰の探究そのものとして始まり、「愛の神」の思索へ

（1）　北森嘉蔵『神学的自伝Ⅰ』（教文館、一九六〇年）、一九、五二頁。

（2）　『神の痛みの神学』（新教出版社、一九五八年）、一六九頁。

と集中した。「愛の神」あるいは「神の愛」が、彼の信仰的、求道的な探究のテーマであり、それがまたそのまま彼の神学的探究であったのである。この途上で、「十字架につけられたキリスト以外何も知るまい」という仕方で、信仰的・神学的思惟のキリストの十字架への集中が、決定的かつ排他的な仕方で、意図的になされた。彼の関心は、「キリストの十字架」に決定的に方向づけられたが、それも「神の愛」を窮めようとする探究の手掛かりとしてであった。キリストの十字架の贖罪論的な究明や人間の罪をめぐる考察、あるいは神の審判の考察が主題をなしたわけではない。問題は「愛の神」を知ること、あるいは「神の愛」を知ることであった。日本ルーテル神学専門学校での卒業論文のテーマが「キリストに於ける神の認識」であったように、神の認識、とりわけ神の愛の認識が北森嘉蔵の神学的テーマとされた。そしてその愛が「直接的な愛」ではなく、仲保者キリストの十字架の痛みに基づく愛として「媒介的な愛」であることが重大であった。

日本プロテスタント神学史の中で「神の苦痛」について語った人として、すでに植村正久がいる。植村は「キリストの死は或る意味において神の死であると解せざれば、パウロの論理徹底することが出来ぬ」と語って、「神の死」にも言及した。北森はこの植村の発言にいち早く気づき、『神の痛みの神学』の中で、植村のこの箇所を継承する意味も込めて引用している。そこには北森の他者からの引用の際に発揮される慧眼、そして見事さが表されている。が、しかしまた同時に、自説を補強するために巧みに他者の著述の一節、あるいは一句を文脈から離してでも引用する特徴も示されている。北森は植村を熟読し、その全貌を捉え、植村の神学思想の中枢に分け入ったとは思われない。北森の関心は、特段、植村の本格的な研究や継承を目標にしたわけでなく、それを媒介として自説を展開したとも言い得ないであろう。そうでなく、植村の文章の中から自説補強の一節を見事に摘出したのである。自説の展開や補強にあたって、この見事な摘出を遂行する中に、むしろ北森の著述の特徴がよく表現されているとも思われる。北森の場合、他者の思想の全体にわたることなく、一斑の摘出によって要点を発見し論ずることが多い。カール・バルトの神学に対する北森の批判も、第一戒を公理とするバルトの問題という一点に絞られたが、そこにも一斑を捉えて全豹をトす式の手法が採用されている。さらには北森の著『今日の神学』の中にも同様の方法によって幾人かの神学者が論じられている。その手法は北森の鋭敏な他者理解を示すとも言い得るが、一点だけが摘出されて、その文脈は無視される場合もなくはない。

植村正久の「神の苦痛」の場合も、植村自身には別段、北森のように神の愛の認識やその考察が問題として語られたわけではなかった。議論の文脈は神論よりもむしろ贖罪論にあった。「痛ましい手続き」が北森が言うように神の愛の特質としてではなく、人間の罪に対する神の審判とその罪の赦しのための堂々たる根拠が求められる文脈で、キリストの蒙った苦難として語られた。そのキリストの苦難の解釈として「神の苦痛」や「神の死」に言及されたわけである。これに対し北森は、贖罪論の究明ではなく、神の愛の究明として神論や神認識の文脈で痛みに基づく愛を語り、神の愛の本質として「痛み」を語るに至った。

「神の苦痛」を同じく主題とするにしても、文脈がどこにあるかが重大であることは、後に一九七〇年代になって北森の「神の痛み」が海外の神学界にも知られ、ユルゲン・モルトマンによって言及されたときにも生じた。一九七〇年代のモルトマンの「苦難の神学」においては「神の苦痛」の文脈は、「神義論」であった。なぜ世界に不合理な苦難があるのか、その苦難の中で神はどこにおられるのかとの問いを掲げ、モルトマンはその苦難のただ中で共に苦しむ神を指し示そうとした。神義論的な十字架の神学の試みであった。そこには、神の受苦能力が神義論の問題に対する回答になり得るという構想がある。これに対して北森は、愛せるものを愛する愛の直接性ではなく、愛し得ないものをこそ愛する愛、それゆえ愛として痛みを負わざるを得ない愛、それこそ痛みに基づく神の愛、それこそまさしく神の本質的な愛であると明らかにした。両者には相通ずる面があるように思われるかもしれない。しかし北森に「世にある不合理な苦難」が神の義と全能の両立を脅かす神義論の叫びとしてあったと言い得るかは、疑問である。あるいは、明言されてはいないけれども、北森には実存の苦悩があって、その背景から神の愛への究明がなされたとの予想は不可能ではないであろう。ただしその場合にも、それがモルトマンの言うような二度にわたる世界大戦やアウシュヴィッツを代表とするユダヤ人のホロコーストにおける不合理な苦難を文脈として、アウシュヴィッツ以後の神学的問いとして「神の愛」が問われたかと問えば、然りと答えるのは困難であろう。贖罪論でもなければ神義論でもなく、背後に彼自身の実存の苦悩の文脈をあえて語ることなく、それらには沈黙して、北森は十字架からの神の愛を問うたのである。

3　発見者の情熱

北森嘉蔵は、一斑の摘出という発見的な読みを聖書に対しても遂行した。「神の痛みの神学」は、そのはじめからエレミヤ書三一章二〇節の発見と結びついていた。北森は、教会と神学が福音に驚かなくなって久しいと嘆く。「今日教会と神学とにとって何よりも緊急のことは、この驚きを再び取り戻すことである。この驚きを生ぜしむるにふさわしきように、福音を新しく発音し直すことである」(3)と彼は言う。北森は、そう語って、エレミヤ書三一章二〇節によってこの驚きを回復し、「痛みにおける神」を発見したと語った。エレミヤ書三一章二〇節は、文語訳で「我腸痛《わがはらわたいた》む」(共同訳では「わたしは彼を憐れまずにはいられない」)とある。ここから北森は「神の痛み」を読み取った。この発見も、彼の二一歳の神学校卒業論文にすでに付録として掲載されていたものである。

しかし考えてみれば、「神の憐れみ」が「腸」あるいは「心臓、肝臓」といった臓器に響く言葉として語られるのは、旧約聖書の他の箇所にもあることであり、出エジプト記三章七節には「民の痛み」を知り、それゆえにエジプトに「降って行く」神が記されている。あるいは新約聖書でも神の憐れみや慈しみを語る「スプランギゾマイ」(マタ一四・一四、ルカ七・一三)はやはり「臓器を

(3)『神の痛みの神学』五九頁。

震わす慈しみ」として語られる。しかし北森の「痛む神」の発見はエレミヤ書三一章二〇節による「驚き」によって遂行された。その際、例によってこの一句がいかなる文脈や全体像の中にあるかは問われなかった。エレミヤにとってその固有の意味があるか否かも問われない。ただ北森自身がエレミヤから受けたこの一点の発見が彼自身を驚かすことが重大であった。そしてその「驚き」は止むことなき驚きとなり、北森の生涯は「神の痛み」の福音による終わることのない驚きの中で過ごされたのである。

ここで北森が驚きに遭い、痛む神、より正確には神の「痛みに基礎づけられし愛」の発見に至ったということとは、いかなる背景と理由をもって生じたことなのか。そのように発見する発見者の実存には実存状況の特殊性があって、そこから起因しているのではないか。それゆえこの驚きと「神の痛み」の発見とをさらにそれ以前に、あるいはその背後や背景に遡って、北森の実存とその状況に迫ろうとする発言が試みられることもある。そのようにしてある人は北森の出生の状況を尋ね、その母と子の関係を推測し、またある人は北森自身が言及した歌舞伎の演目の中に「痛み」としての「つらさ」の心象風景を読み取って、北森の主体に潜む日本的心性を指摘した。またある人は戦争に向かう時代の暗さの反映をそこに読み取ることもした(4)。しかしそれらの解釈の試みは「痛み」の心象を尋ねても、「神学」の理解を深めはしない。北森の神学主体に日本的心性を指摘することは、北森の神学的試みを「日本的キリスト教」の表現として読むことになろうが、それは「神の痛みの神学」の驚きの衝撃力をむしろ日本的に一般化する方向で弱めて解釈することになるであろう。

北森の神学的努力は、そうした自己の神学的発見の背後を尋ねるよりは、エレミヤ書の一句による「神の痛み」の驚きの発見から出発して、論理的な思考力を介して、「神の痛みの神学」へと深まった。その論理性の探究はさらに田辺元や西田哲学との折衝の中で磨かれることになったであろう。後年、北森は西田の媒介的思惟の中になお十字架の欠如を指摘して、仏教的慈悲が依然として直接性にとどまるとの批判を試みた。

北森の神学的著述は、神学専門学校の卒業論文（一九三七年）以後、『十字架の主』（一九四〇年）、『神の痛みの神学』（一九四六年）、『神学と信條』『今日の神学』（一九五〇年）、『救済の論理』（一九

（4）石原謙『日本キリスト教史論』（新教出版社、一九六七年）、一九五頁。石原は、『神の痛みの神学』が昭和二一年九月の刊行であったことを手掛かりにして、「そこには終戦直後の悲痛な国民感情が反映している」と記した。しかし、具体的な文章表現に至るまですでに昭和一二年に脱稿された卒業論文に見出せるのであるから、読者の受け取り方としてはともかく、著者自身の立論の背景として「終戦直後の悲痛な国民感情」を語ることは不適切である。また「時代の苦悶が……紙背からひびきわたる」（同書、一九五頁）という読み方も、昭和一二年の時代の苦悶と戦後の時代の苦悶とを同一の苦悶と見なすことになり、北森は昭和一二年にすでに戦争突入と戦時や敗戦の苦悶を予知したと言うのであろうか。そうした時代的な予知・予感の能力や先見性を北森嘉蔵の特質として挙げることは、彼をよく知る人からも聞かされたことはない。

五三年）、『神学入門』（一九五九年）、『神と人間』（一九五九年）、『宗教改革の神学』（一九六〇年）へと続行された。しかしその思想内容の軌道は、二一歳の卒業論文が語った事態を基本的に踏襲したものであり続け、それを越えることも、それとは別の軌道開拓に赴くこともなかった。それだけ二一歳の「神の痛み」の発見は、彼にとって決定的で巨大な発見であった。その後の彼自身の神学的営為は、いわばその巨大で決定的な発見のために捧げられ、それによって規定され続けた。「神の痛み」の発見は、その発見者に対してそれ以外の神学的視角を構えることを許さなかった。「神の痛み」はその発見者を捉え続けたのである。

4　神の本質としての「神の痛み」

北森は、「神の痛み」を「神の本質」と語った。それも「神の痛み」のみを神の本質と言い、「神の痛み」以外を神の本質として語ろうとはしなかったのではないか、と思われる。「エレミヤが見た神の痛み、パウロが見た十字架の愛――これこそ神の本質であり神の御こころである」。こう語って北森は、「したがって古典的三一論において語られている神の『本質』は、本質を失った本質ともいわれ得るであろう(5)」とさえ、まさに思い切って記した。古代教会の信条に表現された三位一体の神概念は、ヘブライ的・聖書的な神概念を喪失したギリシア的思惟における神概念を意味するとでも言うのであろうか。「三位一体の神」は「十字架の神」ではないのか。北森にとって重大なのは、パウロの言う「イエス・キリスト而も十字架につけられ給いし彼のほかは何をも知るまじ」（一コリ二・二）である。ここから彼は「十字架の事実は神学的思惟の公理である」[6]と主張する。「公理」（Axiom）という用語は、北森において以後重要な機能を果たす。彼は「公理」と「現実態」を対立的に位置させ、しかも公理によってその対立を超えるといった使い方をする。いったい彼は神学におけるこの「公理」用語の使用をどこから持ってきたのであろうか。これもすでに昭和一二年のクリスマスに脱稿した彼の神学校卒業論文に見られるものである。そしておそらくは、それはカール・バルトの一九三三年の論文「神学的公理としての第一戒」（Das erste Gebot als theologisches Axiom, in: Zwischen den Zeiten XI, 1933）からであったであろうと推測される。北森はおそらくそこから「公理」概念を引き出し、バルトが「第一戒」に公理を見たことを批判して、十字架の中にそれを見た。この見方は、北森のバルト批判がその一点、すなわちカール・バルトにおいては神のみを神とせよとの「第一戒」がその神学の公理になっている点にのみ集中して主張されたこととも符合する。[7]北森の「公理」の用法は、しかし、その内容については、曖昧なところがあるの

（5）前掲書、六二頁。
（6）前掲書、六三頁。
（7）北森は後にバルトが一九五六年に講演「神の人間性」（Die Menschlichkeit Gottes）を出版したのをもって変化を認め、ある日の教室の話として、バルトの神学上の変化は七〇歳での変化になり、人

も事実である。彼はある時は「十字架の痛みの愛」を公理とし、またある時には「恩寵のみ」を公理と言い、あるいは「宣義論」が公理ともされ、さらには「キリスト論」や「和解秩序」も公理と言われた。いずれにしてもキリストの十字架の事実とその意味や効力をめぐって、「公理」概念が使用されていると言うことはできよう。

しかし「三位一体論」は公理ではないのであろうか。アタナシウス信条が三位一体の神の信仰とキリスト論的な信仰を挙げて、「公同の信仰」と語ったことを受ければ、まさしく三位一体論とマコトニ神、マコトニ人のキリスト論こそが二つながらに「公理」であって、それは当然、「宣義論」などに優って公理であるはずである。このようなことは宗教改革的宣義論が特にキリスト教か否かを決定するのでなく、三位一体論がそれを決定したことからすれば分かりきった話と言えよう。アレイオスはキリスト教たることを維持できなかったが、宣義論に賛成しなかった一六世紀のローマ・カトリック教会をキリスト教でないと言うことは容易にできる話ではない。カール・バルトが使った表現で言えば、多くの殉教者を生み出した古代教会はまだ宣義論を展開しなかったのである。しかし古代教会はキリスト教の公理として三位一体論とキリスト論に基づいていた。ルターの宗教改革の戦いも決して「宣義論」を唯一の神学的公理として戦ったわけでないことは、「シュマルカルデン条項」の第一部の三位一体論とキリスト論の条項について「これらの個条については、われわれ両方の側で同じことを告白しているのであるから、論争も争いもない(8)」と語ったところに明らかである。問題は同条項の第二部の第一条「イエス・キリストの職務と働き、あるいはわれわれの贖いに関する個条」であった。つまり「キリストの職務論」と「贖罪論」に関するものとして、この第二部の主要な第一条の関連で「宣義論」も登場する。しかし北森は、元来派生的な位置にあった「宣義論」を「公理」の位置に置き、もともと公理的であった三位一体論を派生的な位置に配置する異様な主張に踏み出した。この経緯は、当然、北森の三位一体の理解にむしろ警戒を求めることになるであろう。

北森によれば、神の本質については十字架が公理であって、「神の本質は十字架の言から解ってゆく(9)」と言われる。そして「福音において究極的な言葉は神の痛みであり」、「父が子を死なしめるという言葉こそ第一次的な言葉である」と語る。これに対し古典的三一論の「父が子を生む」という表現は「第二次的な言葉」であると言う。「福音における神」は、「子を死なしめる父としての神、そしてこの行為において痛み給う神である」。それゆえ「神の痛みが永遠者としての神について語られる(10)」とも北森は主張した。

以上が神の本質としての「神の痛み」の概説になるが、明らかに神の本質に関する議論としては

間の年齢的経過に合わない異常な変化だと語っていたのを筆者は思い起こす。
(8) 『一致信条書――ルーテル教会信条集』(信条集専門委員会訳、教文館、二〇〇六年)、四一三頁。
(9) 『神の痛みの神学』六四頁。
(10) 前掲書、六〇頁。

不足している。そもそも「父が子を生む」あるいは「聖霊を発出する」というのは、神の三つのペルソナとその構成の仕方の議論であって、本来、神の本質の議論とは区別されるであろう。神の本質の定義は、アタナシウス信条にも語られている通り、三位のペルソナがどれも共にあずかる神の現実、あるいは神の完全性の理解に関わるのであり、永遠性（アタナシウス信条の第一〇条）の他、栄光と稜威（同第六条）、非被造性（同第八条）、無限性（同第九条）、全能（同第一四条）、それに主であること（同第一七条）に関わっている。もちろん、この神の本質をめぐって、福音や啓示からの理解とギリシア的な神理解との確執は十分に議論されるべき問題である。

ただしここで断わっておくべきことは、北森における「神の本質」の理解には一点集中、ないしは一面的な偏りがあって、神の本質の比較的に整った範囲の理解を踏まえているとは言えないことである。「神の本質」をめぐっては、それにどこまで賛成するかは別にしても、一応のスタンダードを提示したものにヘルマン・クレーマーの『神の属性についてのキリスト教教説』（Hermann Cremer, Die christliche Lehre von den Eigenschaften Gottes, 1897）がある。クレーマーは、「啓示において開示された神の属性」として「聖性」「義」「知恵」について語り、「神概念に含まれた神の属性を啓示の光において見る」として「全能」「遍在」「全知」「永遠性」「不可変性」について語り、すべての属性の統合として「神の栄光」について語った[11]。北森の言う神の痛みが神の本質ということは、「神の愛」について語っているが、たとえば神の聖性や神の栄光についてはどう語っていることになるのか明らかとは言えない。そう言わなければならないであろう。

さらに言うと、「神の本質」としての「神の痛み」を語ることには、それ自体の困難があるとも言わなければならない。「神の痛み」は「関係概念」と言われる。関係概念が神の本質であることはただちに問題とは言えない。神の内には三位における永遠の交わりという相互関係が含まれているからである。ただし三位格の相互関係の中に「痛み」を語ることができるであろうか。永遠のペルソナは罪の反逆を相互に犯しはしない。「痛み」は神と神の外との関係の結果である。しかしそれなら、神と神の外との関係を神の本質の中に語り得るであろうか。もし語り得るとすれば、神は神の外、つまりは被造物との関係の中に置かれることになり、神は本質的に神でないものが存在することに依存することになるのではないか。さらには被造物との関係は、神の経綸に属するであろう。神が痛みを負うことは、神の経綸の中のことと言わなければならない。しかし神の本質は経綸における神の本質であると共に、それ自体として御自身永遠に神である方の本質でもなければならないであろう。神の痛みを神の本質そのものと認識することには、痛みを引き起こす原因をも永遠化する困難がある。それでも神の痛みを神の本質として、つまり永遠の神御自身のこととして、神の内なることとして語ろうとすると、神の外との関係の遂行を神の内にあって決意する神の意志決

（11） H・クレーマーの主張はブルンナーによって評価されたが、バルトによっても尊重され、その後では特にパネンベルクによって注目され、継承もされた。これについては拙著『キリスト教教義学上』（教文館、二〇二一年）第八章「神の本質」を参照してほしい。

定が、一切の被造物の創造に先立つ神の決意として語られなければならないであろう。そしてこの神の決意、神の意志決定、あるいは神の御計画が神の本質に即した意志決定として理解される。この意味においては、神の愛は痛みの愛であることを意志決定しておられると言うことはできよう。「神の痛み」の座は、神の本質というよりも、むしろ神の本質に即した神の聖なる意志決定にあるのではないか。

しかし北森は「神の意志決定」、いわゆる改革派神学の言う「聖定論」を語らなかった。そのため「神の痛み」が神の本質と言われ、十字架が神の内にあると語られるとき、被造物への神の依存性という問題に巻き込まれる疑いがあったのではないかと思われる。北森は、「痛み」は「他なる者の固有性」を内に抱えるとも語った。神の痛みを神の本質と語ったとき、神の外なる者の固有性が痛みの永遠性と共に永遠化される危うさもあったのである。神は「痛みの神」として永遠に御自身の外なる者の固有性に依存することにならないかとも問われるであろう。それを回避するためには、神の本質と神の意志とを区別する神理解が要求されたのではないかと思われる。

5　「キリスト論的三位一体論」の問題

北森は「神の愛」と「神の痛み」との関係について語り、繰り返し「神の愛」を「神の痛みに基礎づけられし愛」と語った。通常であれば、神の痛みはキリストの十字架に示されているから、神の経綸の業の中のことである。それは罪や悪を前提にし、神関係に対する反逆や破壊を前提にしている。それにもかかわらず神の愛が貫かれる時、愛は反逆や破壊や分裂に耐え、そしてそれらを克服するものとして理解される。それが「神の痛み」として表現されるとすれば、「神の痛み」こそが「神の愛に基礎づけられし痛み」である。しかし北森はそのようには語らなかった。彼は逆に、「神の愛」が「神の痛み」に基礎づけられると語った。「神の痛み」は「イエスの十字架」により、イエスの十字架は「贖罪」を意味するから、十字架や贖罪や神の経綸が、いわば遡及的に神の本質としての「神の愛」を基礎づけるという主張になる。これを三位一体の議論に移すと、内在的三位一体が経綸的三位一体なのでなく、その逆で、経綸的三位一体が内在的三位一体であると主張することになる。これは神の本質に即しながらも本質と区別される永遠の意志決定について論ずるのでなければ、解決しない問題になるのではないかということは、すでに言及した。

ここではもう一つ、三位一体論とキリスト論の関係が問われることになるという面についても触れておきたい。キリスト論と言えば、通常、それはイエス・キリストの神人的な人格を論じる。その上で贖罪論がキリストの業を語ることになる。もちろんこの順序を逆転させて、後期のE・ブルンナーがその教義学において行ったように、贖罪論を先行させ、イエス・キリストは何をしたか、その業をまず語り、それに基づいてイエス・キリストとは誰か、その人格を語るキリスト論へと赴くこともあるであろう。しかしまた、キリストが誰かという問題が定まらなければ、キリストの業の内実が何かは定まらないとも言い得る。そのようにして、キリスト論と贖罪論の区別とその両者の関係が議論されることになる。しかし北森は、「神の痛み」は「イエス・キリストの人格」だと語った。[12]「痛み」はある主体の述語として、誰かが痛むのでなく、逆に「痛み」が主語として人格になり、「痛みが愛する」のであろうか。この筋立てには、かなりの無理があると思われるが、北森にとってはこの筋立ては貫かれなければならないものであった。実際、彼は「神の痛みのペルソナ」という言い方をした。ペルソナと言えば、神の内なる永遠のペルソナ（位格）である。しかしこのペルソナは「必然的に歴史の中に入り来たらねばならなかった[13]」と北森は言う。彼は神の痛みは神の内にあることによって、歴史にあるとも言う。「神の痛みのペルソナ即ち『救主』がもし歴史的人格でなかったならば、神の痛みそのものが成立しないであろう」と言う。そこで「神の痛みより歴史的イエスへ」という途は、同時にあくまで「歴史的イエスより神の痛みへ」の途を負う。そこで「神の痛みは歴史的イエスの無限に深い背景である[14]」と北森は語った。こういう仕方で神の内なる永遠の十字架が語られるわけである。

しかし、「無限に深い背景」とは何を意味するのであろうか。北森はこれを「神の聖なる意志決定」として言うわけでなく、御子のペルソナそれ自体の中で言おうとする。しかし神の痛みがペルソナであれば、神の痛みの不可欠性や必然性を言うだけでなく、神の痛みの永遠性もまた言われることにならざるを得ない。「痛み」は克服され解消されるべきものでなく、永遠にあらねばならないものに位置することになる。痛みが罪や死や悪、あるいは破壊や反逆を前提にしているとすれば——そうでなければ真実に痛みであるかが問われるであろう——、それらもまた永遠化されざるを得なくなるということはすでに言及した。それとも罪や悪や破壊、あるいは敵対的なものなしに痛みを語るのであれば、痛みを観念化して語ることになるであろう。そしてそれが本当に「痛み」であろうか。「痛み」を神の本質と捉えることは、「怒り」を神の本質と捉えるのと同様、容易に可能とはなし得ない。神の永遠の本質は、神以外の他者の存在に規定されるものではないからである。

北森の神の痛みによる三位一体論が抱えている問題性は、それだけではない。もう一つの問題をどう理解し、評価すべきであろうか。北森は、「キリスト論的三位一体論」を主張した。用語から言えば、これはカール・バルトの場合と同様である。しかしバルトの場合には「フィリオクエ」の立場が自明のこととされていたから、特に三位一体のキリスト論的な「構成」が主張されたわけではない。神の単一性・一体性は、神がただひとりの方としておられることであり、その方が三つのペルソナにおいてである。その三位一体の神が認識においては、キリストにおける啓示の内にあり、「隠された神」を語る場合にも、キリストの恵みの支配の啓示の内にあって隠されている、したがってキリストの啓示、その恵みと憐れみの中で隠されているのであり、啓示の外に予想もつかない恐るべき神として想像する可能性は否定された。神が神として隠されているのは、キリストの啓示

(12) 『神の痛みの神学』四五頁。
(13) 前掲書、四二頁。
(14) 前掲書、四三頁。

の中で隠されているとされた。三位一体の神の認識は、いかなる時にも、キリスト論的集中、あるいはむしろキリスト論的包括性の中で遂行されるわけである。

これに対し北森の「キリスト論的三位一体論」は、キリスト論が三位一体の「構造」、あるいは「構成」をも規定するものとされている。三位一体の三位格の中に御子のペルソナがある。これを北森は「キリストのペルソナ」とも言い、既述のように「神の痛みのペルソナ」とも語った。その上で、神の「一体性」を語るのに、北森は「一体」は「キリスト論」であると主張した。北森の主張を引用すると、「三位一体の一体という面がキリスト論によって位置を占められる」[15]。この意味は「三位を包む一体の位置を、キリスト論が占める」ということである。この意味で「三一論は今やキリスト論的三一論となる」と彼は語った。これをさらに説明して、「三一論の真理」とは、「他者」をその「固有性」において立てつつ、しかもこれを「内」に包むことであると主張され、その真理は「ひたすらキリストの愛のみに可能なこと」と言われた。「一体」は単に「本質」というよような抽象的なものではあり得ず、他者をその固有性において立てつつ、しかも内に包む意味での一体であって、抽象的な一でなく、キリスト論的な一だと言う。こうして「三位」は父と子と御霊のペルソナであるが、「一体」はキリストの愛を言うと主張された。おそらくは、神学史上前代未聞の主張が登場したのではないであろうか。

神学史の常道から言えば、三位一体は「三つのペルソナ、一つの実体（もしくは本質）」と言われ、一体性すなわち一つの実体（substantia; ousia）は、三つの位格である父、子、霊を包括する「神性」を意味する。そしてその一体性である神性が、神の単一性を担う。三位一体の「一体」の意味は、御父、御子、御霊の三つのペルソナが語られながら、「神が唯一」（エフェ四・六）であることを微塵も揺るがせにしないことを意味する。キリスト教は唯一神教であって、三神教ではない。また「御子は御父より生まれ」であって、逆に御子から御父が生まれるわけではない。したがって、通常、三位一体の一体性は、神の単一性に関わり、神の神性に関わり、御父より生まれた御子や御父より発出した御霊ではなく、「神性の起源なき起源」である御父に関わるとされてきた。それを北森は「一体の位置を占める」のは「キリスト論」と言い変えた。そういう意味を込めて、「三一論は今やキリスト論的三一論になる」[16]と言われたのである。御父と御子の位置関係が逆転されたわけで、三位一体の「一体」を「キリストのこと」とするのは、寡聞にして筆者の知るところでなく、神学史上未聞のことではないかと思われる。

もっとも近年の神学では、三位の一体性を御父の神性とのみ同一視することを避けて、三位の相互関係による交わりの一体性として理解し、「社会的三位一体」を語る場合がある。あるいは御父、御子、御霊の相互依存性によりながら単一の神性を主張する試みも見られる。つまり、一体から三位の構成を語るのに対抗し、永遠の三位の相互依存性から一体を語ろうとする。前者の場合は一体

(15)　北森嘉蔵『宗教改革の神学』（新教出版社、一九六〇年）、二八四頁以下。
(16)　前掲書、二八四頁。

性は御父に帰せられ、後者の場合は一体性は三位の関係性に帰せられる。しかし一体性を御父でもなく、そうかといって三位の相互内在的関係性でもなく、御子に帰す主張はかつてなかったのではないであろうか。北森のキリスト論的三位一体論はそれを敢行した。北森は、「三一論の真理とは、『他者』をその『固有性』において立てつつ、しかもこれを『内に』包むこと」[17]と語った。そしてこれは「本質」というような抽象的なものでなく、「ひたすらキリストの愛のみに可能なこと」で、神の単一性をキリスト論に見るという主張であった。三位を包む一体の位置をキリスト論に占めさせ、神の単一性をキリストに見る神性理解は、ただ前例のないものであるだけでなく、御父の理解の不当性が問われれかねないであろう。

北森嘉蔵の「キリスト論的三一論」の主張は、『宗教改革の神学』（昭和三五年）の第三部「教義学方法論」の中に見られる。しかしその主張は実は、それより一七年以前、昭和一八年の論文集『神学と信條』にすでに示されていた。キリストによる啓示から三位一体の神の構成問題を引き出す議論である。それは、認識的にはキリストによらずして神はその全貌においても、隠された神としても知られない方との議論で、決して不可能な議論ではない。むしろ当然の主張とも言い得よう。しかし北森は、ただ認識論的な意味でキリスト論的と語ったのではなかった。彼はさらに啓示認識と神の構成の議論とを同一視して、キリストにある啓示から直ちに神が三位において「一体」であるとは、キリストのことを意味すると主張した。神認識のプロセスと三位一体の神の構成論とを同一視したわけである。しかし、これにはかならずしも十全な説明や根拠づけがなされたとは言い得なかった。北森はこの関連で、三位の一体性をキリストに見るという、率直に言って奇異な彼の三位一体論を、ルターからの引用によって根拠づけようとした。しかし引用された文章の解釈は、再び文脈無視の疑いを引き起こしかねないであろう。これについては後に本章の第6節「『論理』に対するこだわり」において再論することにしたい。

そもそも「一体」（神の一体性）を「キリスト論」と呼ぶのは、語法としても適切性に疑問が生じるのではないか。というのは、「一体」は三位における神の神性の一致を言い、神の単一性を言うのであって、「論」を言うわけではないからである。「一体」は神御自身のことであるが、「論」は神を理解する「論」、あるいは「教説」を意味し、神御自身ではない。北森には神の事柄としての三位一体よりも、神に関する論説・教説が重大で、神の単一性や唯一神でなく、その単一性や唯一性の理解の仕方、「教義学方法論」が重大になっている。そのことを彼は、再び「公理」と「現実態」という用語を用いて、次のように語った。

彼の理解によると、「古代教会の教義たる三一論が（は、）宗教改革的教会の『根本条項』たる信仰宣義論と相即する」[18]。これは神学史の常道から言えば、三一論の信仰が「公同の信仰」であるから、三一論の展開としてやがて贖罪論が語られ、それに基づいて救済論が成立し、その中に義認

（17） 前掲書、二八五頁。
（18） 前掲書、二八五頁。

（宣義）の教説が位置を持つと言うべきところであろう。しかし北森はそうは考えない。「信仰宣義論」が基準で、三一論もそこに即さなければならないという仕方で神学史を逆転させて考える。さらには「三位」と神の経綸の業とを組み合わせて、三一論の三位は、「創造・和解・救贖という三なる現実態」であり、一体は「キリスト論」という「一なる公理（Axiom）」であると言う。これもいささか飛躍含みの主張である。しかしその上で、「三なる現実態」は「一なる公理」の内に包まれて成り立つと北森は語る。この論理の由来を尋ねると、「信仰宣義論においては、創造・和解・救贖の三秩序がキリスト論的和解秩序の内に包まれる」という解釈が、それ以上何の根拠づけもなしに主張されることになる。そして「ここでは三位を包む一体の位置を、キリスト論が占める」と主張された。

こうした説明に対して、生じる疑問は一つや二つではないであろう。そもそも、こうした説明の中で繰り返し登場してくる「信仰宣義論」や「キリスト論的和解秩序」や「キリスト論」は、どれもみな「一なる公理」の中で一緒くたに扱えるものではないであろう。「信仰宣義論」すなわち「キリスト論的和解秩序」という同一視はいかにも拙速であるし、キリスト論的和解秩序すなわちキリスト論も同断である。むしろ言うならば、宣義論は和解とともに救済論に位置し、「和解秩序」はキリスト論的でもあろうが、同時に聖霊論的でもある。「キリスト論」もまた然りで、「聖霊論的キリスト論」もあり得るし、「三位一体論的キリスト論」があるであろう。「キリスト論」が「一つなる公理」というのも、それだけ言われるのは、三位一体論との関係を考察すると妙な話である。

アタナシウス信条はむしろ神の三位一体の信仰を「公同の信仰」のはじめに挙げ、次いでキリスト論的信仰を挙げた。言うならば、三位一体の信仰とキリスト論的信仰とが公理的な信仰として二つながら挙げられたのである。宣義論も和解秩序もそこには挙げられはしなかった。

複数の「現実態」と「一つなる公理」の関係は、さらに『神の痛みの神学』の中では「恩寵と倫理」の現実態に対する「恩寵のみなる公理」とされた。[19] あるいは「聖化秩序ないし救贖秩序」の神学的現実態に対して、「恩寵のみ」「信仰のみ」が「神学的公理の側面」とも言われた。[20]「一つなる公理」と言うにしては、「恩寵のみ」「信仰のみ」「キリスト論」「和解秩序」では、それぞれにかなりの幅があり、それぞれの関係を語らなければ「公理」の間の関係がはっきりしないとも思われる。当然、公理は一つでなければならないのかとも問わなければならない。すでに言及したように、信仰宣義論を表明しなかった古代キリスト教は、神学的公理を欠如したキリスト教であったのかという疑問が当然出てくるであろう。彼らが迫害に耐え、時には殉教に及んだのは、公理を欠きながらであったとでも言うのであろうか。結果として北森の「公理」と「現実態」という議論は、かなりの程度、恣意的なことになって、根拠ある議論とは思われないことになる。なぜ義認論が神学的公理であって、創造、和解、救贖が現実態なのか。なぜ創造、和解、救贖が、御父、御子、御霊の

(19)『神の痛みの神学』一一五頁。
(20) 前掲書、二一九頁。

三位それぞれと結合され、その三位が現実態で公理の和解に包括されるというのであろうか。根本的な反論と疑問が提示され得るであろう。

6 「論理」に対するこだわり

北森嘉蔵の三位一体論の理解において「三一論の真理とは、『他者』をその『固有性』において立てつつ、しかもこれを『内に』包むことであった」と主張されたことは、すでに述べた。三位一体論の性格にそう言い得る面もあったとは言い得るであろう。しかしそれが「三一論の真理」であると語ることは、果たして正当であろうか。そのように限定的に語るわけにはいかないと私には思われる。三位一体論は、御父、御子、御霊の三位格にいます神が唯一の神であるという神の真理を指し示し、証言している。しかし、「他者をその固有性において内に包む」という論理を必ずしも証言しているわけではない。少なくともそのようにして三位格の相互関係を包括関係と同一視してよいか否かの検討をなお必要とすると思われる。北森の三位一体論の解釈では神の真理を理解にもたらすとともに、あるいはそれに優って、教義の論理を提示し、貫徹することが重大になっていると解釈されるのではないか。

その論理とは「他者をその固有性において立てつつ、しかもこれを内に包む」論理であり、これが北森には「ひたすらキリストの愛のみに可能なこと」と思われている。そのような意味で、三一論の論理はひたすらキリスト論の論理であると言われる。「神のペルソナは固有性をもったままで、しかも一なる本質の『内』にある」と言われ、その「一」は抽象的な「一」ではなくして、キリスト論的な「一」でなければならないと言われる。[21] 神の単一性は抽象的と見なされる気配である。また、「他者をその固有性において立てつつ、しかもこれを内に包む」と言えば、確かにキリスト論と無関係ではないとも思われるが、しかしその論理であるならば、むしろ聖霊論にこそ注目すべきではないであろうか。その方が趣旨に適うとも言い得るであろう。「他者をその固有性において立てつつ、しかもこれを内に包む」と言えば、それでキリストのペルソナを意味すると見るのはかならずしも自明ではない。キリストの位格的一致における神性と人性の関係にしても、またその業としての贖罪論的な働きにしても、キリストと他の人間との関わりは、前者のアンヒュポスタシスやエンヒュポスタシスについても、また後者の代理的な贖いについても、決して「他者の固有性を立てつつ、内に包む」論理を遂行しているわけではない。神性と人性の「位格的一致」は、「神性の人性に対する包括関係」とはかならずしも言い得ないであろうし、エンヒュポスタシス・アンヒュポスタシスのキリスト論は果たして人性を固有性において立てているかも疑問である。さらにキリストの働き方について語れば、キリストは他の人間に〈代わって〉その罪を負うのではないか。むしろ「代理」や「身代わり」の中にこそキリストの働きの特質があると言うべきであろう。これ

(21)『宗教改革の神学』二八四頁以下。

に対し、他者の主体に代わってでなく、むしろその主体を立てつつ、主体と主体の間に破られぬ関係を打ち立てるというなら、それはむしろ父と子との「愛の絆」である聖霊の働きを語る方がより素直な見方であろう。「他者をその固有性において立てつつ、しかもこれを内に包む」との論理は、他者の協力なしに、むしろ他者の反対に向かう活動に抗しながらその他者に代わって代理的に働くキリストの働きよりも、他者の主体を立てつつ、それを通して働く聖霊の働きの論理に相応しい。

その上、もう一つのことを加えると、「他者の固有性を立てつつ内に包む」論理を、北森はマルティン・ルターの十字架のキリストの理解に見た。「三位一体が福音と結合して経綸的三位一体となる時、この一体なる神はキリスト而も〈十字架のキリスト〉である」。こう北森は語って、「『信仰のみ』の神学者ルッターが三位を包む一体なる神をキリストとなしている」と主張し、その根拠は以下の諸文章に見出されると語った。そこでルターの三つの文章が引用された。初めは「全体の三位はこの人間〔キリスト〕の中に存在する」という文章であり、次は「私がキリストを獲得するならば、私は父と子と聖霊とを獲得するのである」という言葉である。そして三番目は「イエス・キリストなる神が在し給ふ所には、神そのものと全体の神性も亦在したまふ。そこに我々は父なる神をも聖霊なる神をも見出す」という文章である。

しかし問題は、果たしてルターのこれらの文章が三位一体の神の単一性を御子キリストに帰すと語っているのであろうか。そうではないであろう。これらの文章は、どれも特段、神の構成や三位の成立関係を語っているわけではない。そうでなく神認識について、あるいは救済について語っているのではないか。一つの位格のいますところ、他の二つもまたおられることは、三位の交流からして当然のことである。御父のおられるところ御子も御霊もおられ、御霊のおられるところ御父も御子もおられる。三位の相互交流は、キリストから他の二位格に対してのみ言われるのでなく、相互交流は三位の相互交流として語られる。またキリスト論的な神認識としてキリストの啓示において、御父、御子、御霊の三位一体の神が示されることに何の不思議も混乱もない。神学的な理解において整然たる真理認識である。それをルターは語っている。しかしこの啓示の認識は三位にして一体の構成において御子が単一の神を負うことを示すものではない、と言わなければならない。先に北森の一句や一文のみごとな引用に、文脈無視の危険があると語った問題である。

7 「北森神学」はどう成立していたか

北森嘉蔵の「神の痛みの神学」は、誰が言い始めたのか、早くから「北森神学」と言われるようになった。「神の愛」に対する深い洞察と、著書『神の痛みの神学』の叙述に見られた基点としての「神の痛み」の射程範囲は、神論、キリスト論、さらに倫理や終末論との関係などを包括した。そして幾たびも版を重ねたことが示したように多くの人々の共感を得た。またいくつもの言語による翻訳を通して、世界の神学に対する貢献もなされた。これらのことはみな「北森神学」の名に相応しい展開、あるいは経過と言うべきであろう。また「北森神学」には責任的な神学に求められる一貫性が並々ならぬ仕方で貫かれたことが称賛されよう。[22] 一貫性はほとんどありすぎるほどあったのである。

しかしまた、神学を教義学として理解すると、「神の痛みの神学」には通常の教義学であれば当然扱われるべきいくつかの主題、あるいはいくつもの主題が欠如していることも明らかであった。例えば北森神学は終始、創造論の展開を欠如させた。教会論もそこからは本格的には語られなかった。北森は一九九八年、八二年の生涯を閉じたが、その晩年近くまでを日本基督教団千歳船橋教会の主任牧師として過ごし、説教の奉仕に務めた。彼はまた日本基督教団を真実の教会として形成することに心血を注ぎ、労苦を負い続けた。このことは、今日なお多くの人々が感謝をもって想起すべきことである。しかし、北森神学の教会論となるとどうであろうか。例えば仲保者キリストの議論は、熊野義孝にあっては宗教の本質としての媒介の問題として、キリストの受肉や復活の体を介して、「キリストの体」としての教会への結実が重視された。しかし北森では、既述したように、仲保媒介は神の愛の問題として「痛み」として結実し、「仲保者の体」に対する注目はない。教会論の不在である。

また北森の「神の痛みの神学」においては、「信仰のみ」、「福音のみ」が語られ、「神の痛み」による福音の理解から聖書の各書、各章への鋭い読みが示されている。彼は新聞社が企画するカルチャー・センターなどでの「聖書研究」の講座も厭うことなく、奉仕し、実に多くの書籍を聖書の解説書として出版することに寄与し、新鮮な聖書の読みによって多くの人々の心を撃った。しかしそれでも、特段「聖書論」が考察され、展開されたわけではなかった。

北森にはまた「啓示」の教説も特別にはないように思われる。「聖霊論」も「摂理論」も明確に教義学的な主題として扱われてはいない。「キリスト論」は当然扱われているが、人性と神性の問題や、復活のキリストと栄光のキリスト、あるいはキリストの職能やキリストの王権は論じられてはいない。「信条」について語られたことはあるが、「伝統」や「聖礼典」について特別な究明を見出すことは困難であろう。「救済論」に関しては「宣義論」と「聖化論」、その両者の関係に関心は集中され、他の救済論的主題、たとえば回心、召命、再生、新生、神の子とされること、栄化など、特段に扱われてはいない。「終末論」については多少の言及はあるが、それでも北森神学の終末論はいかなる内容かと改めて問えば、これと言って特別な考察を見出すことは困難に思われる。総じて歴史や世界は彼の神学的関心の外に置かれ、国家についての考察も特段認められることはない。

こうした欠如、ないし関心の外に置かれた教義学上の諸問題は、いずれも「神の痛み」をもって

(22) 武藤一雄は、「著者(北森)の立場と一貫性は、まことに驚くべきである」と語り、「既に決定的なことは『十字架の主』(『神の痛みの神学』に先立つ昭和一五年の北森の処女作)において語られてしまったごとくである。……まことに著者の関心は終始一貫『神の痛み』としての福音に集中され、一切がそこから出てそこへ帰る趣がある」(北森嘉蔵『救済の論理』創元社、一九五三年、二二五頁)と解説している。言われていることに誰も異論はないであろう。

補い得るものではなく、誰もこの状態をもって教義学の全貌を覆う意味での「神学」と言うことは困難であろう。つまり「神の痛みの神学」は神学の体系を備えた神学ではなかったのである。(23)

しかしあの『神の痛みの神学』の出版当初の時代、そうした欠如が欠如として問われることはなかった。それほど「神学」と呼び得る思惟の尖鋭な質、それも「福音」に鋭角的に集中する神学的探究と深化が求められ、北森神学はそれを果たした。また、彼が文学や芸術に対する優れた感受性をもって、日本の文化や文学、芸術を論じたことは、もちろん神学思想として重要な側面である。ただしそれらは本章が主題とする神学・教義学の問題とは直ちに一緒くたにはできない。別に論じる場を持つ必要のあるテーマである。

一九八四年、東京神学大学を六八歳で定年退職した際、北森嘉蔵はその最終講義において、印象深く、童謡「汽車」(今は山中、今は浜)の歌詞を引いて、「トンネルの闇を通って広野原」と語った。十字架はトンネルで、復活はその後の広野原であると語り、広野原への憧憬を将来的なこととして語ったのである。彼の神学の論理としては、「十字架のみ」の公理によって、十字架と復活の現実態を包括することもあり得たと思われるが、復活の広野原はなお語ることができていないと自ら思われたのではないか。北森は「神の痛み」のザッへを捉え、「神の痛み」による北森神学を一貫して貫いた。しかしそれは同時に「神の痛みの神学」によって彼自身が魅了され、捉えられ、広大な神学への視界が開かれるよりは、むしろ神学的視界は尖鋭化され、焦点へと狭隘化された。神学の広大な「広野原」は手つかずのまま残されたのではなかったか。そのことを鋭敏な彼自身が気付いていないはずはなかったと思われる。

（23）石原謙は『神の痛みの神学』が「終わりに愛の秩序と終末論を説」いているとして、「神学体系の構造を整えている」（前掲書、一九五頁）と書いているが、いったい、石原は「神学体系の構造」としてどのような体系構造を考えていたのであろうか、理解に窮する。

第六章　大木英夫の「歴史神学的組織神学」の行方

1

とにもかくにも、この人の周囲には「神学的なエネルギー」とでも言うべき熱いものが、常に渦を巻いて現象する赴きがあった。主任牧師として生涯を務めた教会において、あるいは彼が学長を務めた頃の東京神学大学において、そして彼が中心になって設立した聖学院大学の大学院や研究所における活発な活動の中で、大木英夫は周囲を巻き込む力を発揮し、その周囲には「神学する」ことの重大さと、周囲の人々もそこに参与するという熱をもった現象が出現した。それではその渦巻の中心にいたこの人自身の神学的な営みはどのようになされたのか。それは当然、書き残されてよいことであろう。

どういう文脈での話であったか、今となっては思い起こすことはできないが、「教科書を書くのと、一点を深く掘り下げるのと、どちらが重要か」とこの人は問い、間髪を入れず、「言うまでもなく、一点を深く掘り下げることだ」と語った。それを聞いたときには、「教科書」によって何を指したのかは分からなかった。後で思い起こして、あれは佐藤敏夫『キリスト教神学概論』（新教出版社、一九九四年）が出版された直後で、「教科書」と言ったのは、その著作を指してのことであったのではないかと思ったことがある。

佐藤敏夫『キリスト教神学概論』には、確かに神学校の教科書として使用され得る整った装いがある。分量も適度のもので、教科書的と言い得るであろう。しかし注意深く読めば、その内容は著者独自の主張や未決着の探究も含んでいて、教義学的冒険の趣もあり、いわゆる標準を重視する教科書の枠を突き破った面があることも明らかである。

そのとき私は、いわゆる「教科書」のレベルではなく、しかし「一点を深掘りする」だけでもない「組織神学」の「全容」を覆う組織的著作を書く可能性はないのかと訊くことをしなかった。それを訊かないままに、大木英夫の神学的な迫力の性格は、一点を深く掘り下げることに集中しているところにあると、そのままに受け取った。

大木英夫は「組織神学」と言い、とりわけ自己の企てとして「歴史神学」という名称を使用した。彼の言う「歴史神学」は、神学諸科の一つである歴史的神学（Historical Theology）のことではなく、いわば哲学でも「歴史哲学」として歴史を哲学するように、「歴史を神学する」意味での神学、すなわち「歴史の神学」（Theology of History）を言ったのである。熊野義孝が「終末論」を神学的思惟の特徴としたのに対し、大木英夫は「歴史（の）神学」としてその神学的思惟を遂行しようとした。彼が「歴史神学」の思惟方法や神学的思惟としての特徴的造形に努めていたとき、私はそれがいかなる内容を「本論」として展開するのか、訊ねたことはなかった。ただその歴史神学的組織神学がその根拠や出発点として「聖書論」を持ち、「終末論」を含むことは察知された。

大木英夫の神学的エネルギーは、「日本基督教神学専門学校」（東京神学大学）に提出された卒業論文――それも旧制の日本基督教神学専門学校と新制の東京神学大学大学院とで二つの論文を書いたと聞かされたのを記憶する――にすでに表現されていた。当時来日中のエーミル・ブルンナーの助手の働きをし、卒業後はニューヨーク・ユニオン神学大学に留学し、ラインホールド・ニーバーの指導を得て、ピューリタニズムの倫理思想に関する論文によって学位を得た。その日本語による出版は、日本における「ピューリタン研究」の草分けのような反響と影響を呼んだ。その後しばらくして、彼は雑誌『中央公論』に論稿を掲載し始めた。その機会を生み出したのは、後に福音館に転職した私の開成時代の友人菅原啓州が当時月刊誌『中央公論』の編集に携わっていて、大木をその論壇の中に誘ったことによった。間もなく、『中央公論』に掲載されたいくつかの論稿は、『終末論的考察』（一九七〇年）として一冊の形で出版された。これは一般読者の注目を浴び、キリスト教神学の視点からの政治的、論壇的発言として世の関心を引いた。それはまた政治、社会、歴史の諸問題に対するキリスト教的、神学的発言がそれ独自の方法で洞察力を示すことを世に示し、併せて伝道的な効力も発揮するのではないかと期待された。彼の先輩や同僚たちの中にはその伝道的効力からその仕事がさらに続行されることを期待した人が多くいた。熊野義孝からそういう観点での評価を得たと、大木自身も語っていたが、後年になって加藤常昭が同様のことを私に語ったのを記憶する。当時の神学生たちは、日本基督教団の紛争以前であって、東京神学大学の教師たちを親しく、数え唱で歌ったが、大木英夫については、「六つとせ、無理を承知で取り組んで、結構いい線、大木さん」と敬愛を込めて歌った。

大木英夫はさらにラインホールド・ニーバーの serenity-prayer (1) の紹介を通して日本社会に広く知られるようになった。一時はほとんど社会現象のレベルにまで接近したと言い得るであろう。当時の日本銀行の総裁であった速水優は、かねてよりのキリスト者であったが、大木の紹介によるラインホールド・ニーバーの祈りに深く共感し、みずからの人生の信仰と仕事の基本姿勢を表現するものとして、他の人々にも広く推奨した。そのようにした人たちが他にも多く現れ、この祈りの賛同者は、今日もなお広く見られると言ってよいであろう。

やがてヨーロッパの学生運動とも呼応しながら、また文脈を異にしてではあるが、学生運動が日本でも高まった。ちょうどその時期に、一九七〇年の大阪千里が丘の万国博覧会に「キリスト教館」を建てて、日本におけるキリスト教活動の紹介と伝道の機会にするとした決議が、日本基督教団の総会で決議されたが、それをめぐって撤回を迫る学生運動が日本基督教団の中に荒々しく侵入した。この問題は、間もなく東京神学大学にも波及的に学園紛争を持ち込むことになった。一九六九年以後、日本プロテスタント教会の代表的な教団である「日本基督教団」と多くのキリスト教系大学は、学生運動の舞台になった。こうして日本の大部分の大学と同様に、「教団」もキリスト教諸大学も、その後に長く爪痕を残す学園紛争の対処に苦しむことになった。

その中で大木英夫は、一地域教会（日本基督教団滝野川教会）を背景とし、またそれを基盤としながら、月刊誌『形成』を発行し、神学的、指導的な戦いを遂行した。当時、多くの教会と牧師たちは、この雑誌によって励まされ、紛争の中で歩むべき方向を示されたと思われる。もちろん他にも同様の支援は、日本基督教団福音主義教会連合の機関誌や佐藤敏夫の発行による『福音と現代』などによっても試みられた。それにしても大木英夫を主筆とする『形成』は、教団紛争の時代に、諸教会と牧師を支援し、教会形成を励まし、日本基督教団を正常に戻す「教団正常化運動」の奮闘にも指導と激励を与えたと言ってよいであろう。

（1）ラインホールド・ニーバーの serenity-prayer は、「変えることのできるものは変える勇気」と「変えられないものは受け入れるセレニティ」と「変えることのできるものとできないものとを識別する知恵」を与え給えと祈るが、多くの人の心を捉えたニーバーらしさは「セレニティ」を願い求めた点にあろう。最近では「セレニティ」を「冷静」と訳している場面に遭遇することがあるが、大木英夫はそうでなかったと記憶する。「平静さ」という訳が、勇気と知恵に並び、それを越えるような信仰の徳を表現する上で適切かどうかは、なお検討を要するが、「冷静」よりはよいのではないかと思われる。

2

しかし大木英夫の神学的な戦いの視野は、日本基督教団内の諸教会に対する方向の提示や激励の作業をはるかに越えて、日本社会のあり様と日本人の魂を撃つことへと向けられた。彼が意図した神学は、後により詳細に検討されなければならないが、一言で言えば彼自身が言う「歴史神学的方法による組織神学」であるが、その内実は戦後の日本社会や現代世界の状況を歴史化して、つまり歴史的変動の中に巻き込まれた相対的現象として明らかにし、日本の魂に変革を迫る「戦いの神学」であった。

「戦いの神学」という用語は、日本プロテスタント教会の神学ないし神学思想の歴史に関心を持つ人々であれば周知のように、熊野義孝が植村正久の神学を称して使用した言葉である。およそ「神学」と言えば、誰の神学もまた「戦いの神学」の局面を含むであろう。そもそも神学的実存を性格づける信仰の戦いがあり、神学的対象との取り組みの戦いがある。さらには神学成立の場である教会との関係の中にも、その神学をもって教会に仕えると共に真実の教会に向けて教会を方向付ける戦いがある。言うまでもなく、まったく反宗教的な傾向や他宗教的熱心との戦いもある。さらにまた同一信仰の中で他の神学的主張との戦いがある。しかしそれらを越えて、その時代と社会にあって神学すること自体が、際立って戦いを表現する場合があるであろう。特に「神学なき近代化」の中にいる日本においてそうである。植村正久の神学的営みの中に熊野義孝は伝道者・牧師としての「戦いの神学」を見た。類似の意味で、しかしまた独特な意味で、大木英夫の神学的営為の中には、戦後の日本にあって日本の根底に依然として根を張り続けている問題を抉り出し、その変革のために戦う戦いの神学の姿勢が貫かれたと言うことができよう。

大木英夫のキリスト教への入信は、つい昨日まで天皇制超国家主義の体制の中で代表的なエリート集団の優等生として教育され、自らもその道を確信をもって先頭の一人として走り続けてきた陸軍幼年学校上級生が、敗戦によって天皇制国家の滅亡に直面し、忠誠の対象を喪失し、あろうことかキリスト教へと回心し、さらには伝道者・牧師に、そして神学者になったのである。もちろんあの時代に類似の経路を辿った人々が他に幾人もいた。しかしその中で大木英夫は典型的な人物であったと言ってよい。彼自身そのことを明確に意識し、その自覚を持ち、またそれを矜持とし、そのように見られることを求めたとも言うことができよう。彼は何度も自らの回心のことを語って飽きることを知らなかった。そしてその回心の意味を神学的に考察した。

「戦いの神学」はしたがって彼自身の「回心」の経験を背景にしていたと言わなければならない。大木英夫はその自らの回心を日本の魂そのものに対して求め、その要求が神学的主張となった。それまでの彼自身とその背景にあった日本の精神は、それこそ「大和魂」であったが、戦後啓蒙を経てなお隠然として変化することなく日本を規定し続けていると見えた。彼の「戦い」は一個の実存としては、陸軍幼年学校上級生の回心によるキリスト教入信の戦いであったが、彼はそれを自己の実存の転換から、日本の精神、日本の魂、日本の文化・社会がなさなければならない回心にまで拡大して理解した。また、そうでなければならない必然性を歴史神学的に洞察した。そして伝道と教会形成、さらには教育を通して、また彼自身の神学の遂行によって、ある面、ある程度において、日本の回心に向けて働きかけることを、実際に敢行したと言ってよいであろう。

大木英夫の回心から出発した「戦いの神学」は、彼自身の特徴的な「祈りの姿勢」の中に表現されていたと言うことができよう。彼は祈りに際し、常に、姿勢を正し、祈る意志と明確な言葉によって、奮い立つ仕方で、しかし決して感情的でなく、明確に意志的な祈りをささげた。姿勢を整えた意志的特質を持った彼の祈りは、いわば常に服装を整えた祈りであり、あえて言えば正装を着た祈り、式服を身にまとったごとくの祈りであった。精神を起立させて祈りをささげることに疲れを知らぬ様子であったことは、彼が牧した教会の多くの人の記憶に残っているであろう。その祈りの中に彼が「回心者」であることと、その「戦いの神学」が表現されていた。そうした彼の祈りの姿勢、その発声、そしてその表現の特徴について、彼のそば近くにあり、彼の先輩でありながら同時に友人・同僚であった国際基督教大学の古屋安雄は、一種の隔たりの感覚を持って、自分の祈りとは違うとある時私に語ったことがある。そこには同時に、この年下の友人の祈りに対する尊敬の念も込められていた。

大木英夫の「戦いの神学」は、さらにとりわけ組織神学の「方法論」の中に神学的表現を取って、出現した。それが彼の言う「歴史神学的」という神学方法であった。その方法によって彼は、戦前・戦後を貫いて隠に陽に日本人の魂を拘束し続けてきた心的岩盤を鮮明化させ、それを相対化させ、打ち砕き、新しい日本の形成に向けて、「神学なき近代化」を克服し、新生日本の土台造りを試みようとした。「あの一点を深く掘り下げる」は、大木英夫自身にとっては、日本人一般を拘束し続ける心的岩盤を穿とうとした戦いの神学の集中的表現でもあったであろう。

3

他者の言葉というものは、そのままに記憶されるより、聞き手の受け取り方で変貌に晒される危険がある。それゆえ通常の学術的文章は、そうした個人同士の会話を論拠に挙げることはしないし、学術的でないものでも書いた文章に頼るべきで、語った言葉に頼るべきとはされない。しかしそれでも彼が「三つまではやれる」と言った言葉も記憶される。学校法人聖学院の中に大学を新設する計画が持ち上がった頃のことである。一九八八年、大木英夫六〇歳の頃、大学新設の計画の中で学校法人聖学院の理事長小田信人が逝去し、大木は理事長の任に就かざるを得なかった。これは理事会の中だけでなく、学校法人聖学院とその関係教会（旧ディサイプルス派）との関わりから言っても、彼としてはほとんど避けることのできない成り行きであった。彼自身が学校法人聖学院と密接な関係を持った教会（滝野川教会）で洗礼を受け、そこに住居して神学生時代を過ごし、留学からの帰国に際しては牧師としての招聘を受けることがあらかじめ約束されていた。彼の姉妹には彼に先立って信仰に導かれて、牧師夫人となっている姉もおり、そうした親族関係もまた旧ディサイプルス教会の関わりにあった。大木英夫と旧ディサプルス教会との結びつきは極めて濃密であったのである。

学校法人聖学院の大学新設の事業は、既にあった八つの学校（女子短期大学、二つの高等学校、二つの中学校、一つの小学校、二つの幼稚園）を基礎にした事業であった。しかしそれらすべてを包括しても学校法人聖学院には決して財政的な余裕があったわけではなかった。大学の新設事業と既存の諸学校全体の経営の責任が理事長となった大木英夫の肩にかかった。彼が多くの時間と勢力とをそのために費やさなければならなくなったことは、明らかである。その中で大学新設を神学的にも意味ある仕方で遂行するために、彼の身近にいた私の協力を求めたときの言葉が、「三つ（東京神学大学、教会、そして聖学院大学）はやれる」であった。私自身は生きる姿勢としてのプロテスタント的「アスケーゼ」を、「専門人」として、それ以外のことを犠牲にしてでも一つのことに集中する意味に受け取っていたので、その違いを感じないわけにはいかなかった。しかし結果としては、彼の申し出を拒絶することは困難であって、私は聖学院大学開設のための準備段階から、大学建学の理念作成に関わることになった。それから後、一五年間、私自身の六〇歳まで聖学院大学の初期の形成に参加することになった。あの言葉は、大木英夫のポテンシャリティの大きさを語ると共に、彼が与えられた摂理的な定めを引き受ける、決断の言葉でもあったであろう。

しかし東京神学大学で学長を経験した後であった彼は、定年まで八年を残していたが、その後に継続される聖学院大学を基盤としたキリスト教的使命の新しい展開を、神学的遂行も含めて、大きなスケールで遂行し得ることを念頭に置いていたかもしれない。やがて、新たな学部の増設や大学院の設置、さらには研究所の充実や出版局の設置といった形成努力が費やされた。さらに後には学会(「日本ピューリタン学会」)の新設が行われ、神学的な活動の場も整えられていった。大木英夫の資質や能力から言って、やりがいのある仕事にもなったであろう。

牧師の神学は教会形成にその姿を現す。しかし大木英夫は六〇歳を迎えて、教会形成を基盤にして神学を著述するだけでなく、またその神学をもって教会を形成するだけでもなく、一つの大きな教育機関をキリスト教的に形成し、さらにそれを基盤にして、自らの神学を実践的に表現することを、意欲を込めて実行し始めた。

実際、大木英夫の牧師としての働きの成果は、旧ディサイプルス教会の滝野川教会を少なくとも礼拝出席者の人数で言えば、礼拝出席六、七〇人の教会から二〇〇人を越える教会へと育て上げた。それは、小倉義明という優秀にして忠実な伝道者を副牧師として長年持ち得たことにもよるが、一大教育機関をキリスト教学校として形成しつつ、それを一つの地域教会と有機的に結合し得た大木英夫の力量を具体的に表現したものであった。学校法人聖学院は、少なくとも彼の時代においては、人文系と社会科学系の二つの学部と大学院を持つ大学を擁した一大教育機関に成長し、キリスト教界に希望を与える現象にもなった。数多くの著述をしながら、このような課題を遂行し得た資質や能力について言えば、「異能」とも言うべきもので、われわれの時代の日本のキリスト教界において、彼以外に他の誰にも求めることはできなかったのではないか。私にはそう思われる。

4

その成果がどう進み、どう実を結んだかという問題は、神学に関する限り、それがすべてではないとしても、概していかなる著述をもたらしたかという中に求めるよりほかはない。特に日本キリスト教神学史の角度からは、大木英夫の言う「歴史神学的方法による組織神学」がどう結実したかということで評価する以外にはないであろう。

この問題については、彼の論文集『歴史神学と社会倫理』（一九七九年）の第二部には、「神学の基準と方法」と題して一〇編の論文が集められ、組織神学に関する著者自身の構想が論述されている。中でも出色のものは、そこに収録された論文「歴史神学の構想――渡辺聖書論に基づいて」であろう。これは、渡辺善太米寿記念論文集『渡辺善太――その人と神学』（キリスト新聞社、一九七二年）に寄稿されたもので、それが再録されたものである。そこには、「歴史神学」の構想つまり、「歴史神学的方法による組織神学」の構想が「三つの命題」によって、その「必然性」と「構造」と「妥当性」にわたって論じられている。それによって大木英夫の「歴史神学」は「聖書正典に基づく歴史神学」であり、その「組織神学」は「聖書正典に基づく歴史神学的方法による組織神学」として構想されたことが明らかである。

その第一の命題「必然性」、つまり組織神学が「歴史神学的方法」によらなければならない必然性は、大木によれば、渡辺善太の聖書正典論に典型的に示された「聖書原理」にあるとされ、それが「神学的相対主義の原構造」をなしているとされることから来ている。「聖書原理」が、「歴史神学」すなわち自己の相対化をはじめとして他のあらゆるものの歴史的相対性を見破る神学を必然化ならしめると言うのである。大木の言う「歴史神学」は「神学的相対主義」の神学というにほかならず、「神学的相対主義は、神のみを絶対とすることによってひきおこされるところのその他一切のものの相対化である(2)」と主張される。神がまことに神でい給うことによる、他のあらゆるものの相対化は、偶像破壊の意味でも、あるいは「非呪術化」(Entzauberung)の意味でも、そう特別な主張ではない。しかしそれを「聖書原理」に根拠づけたところに大木英夫の「歴史神学」の特徴があり、また困難もあったと思われる。

ここでの「聖書原理」は、渡辺聖書論で言う「神言性と人言性の逆説的関係」を含むが、大木はそこから「神学的相対主義」を引き出した。これが後に『組織神学序説——プロレゴーメナとしての聖書論』(教文館、二〇〇三年)に展開されるわけである。

第二命題として掲げられたのは、「構造」の問題と言われる。大木が言う「歴史神学」の「構造」とは、「歴史的視野を打ち開く」こととされる。それはつまり、別段、歴史神学、あるいは歴史神

(2) 大木英夫『歴史神学と社会倫理』(ヨルダン社、一九七九年)、一七三頁。

学的方法による組織神学がいかなる全体的構造、ないし構成を持つかという話ではない。「歴史神学」の編成やその中の一つ一つの神学主題（ロキ）の秩序が語られるわけではなかった。構造は、歴史的視野の「うち開き」という構造であって、大木はそれを「イエスをキリストと告白すること」から来ると語った。イエスはキリストであるという告白は、歴史的世界の持つ「メシア待望」に対する応答として世界を歴史的な世界にし、歴史的視野を開くと言う。この「歴史的視野の打ち開き」が「歴史神学の構造」であって、歴史的視野による歴史神学の全貌や内容的編成が語られるわけではなかった。主張は常に本論とその編成には及ばず、序論に留まったままである。

第三命題は、歴史神学の「妥当性」を語って、それは「教義学であるだけでなく、弁証学としての世界史の神学となる」と主張された。「教義学であるだけでなく」という表現は、教義学を排除したわけではなく、教義学的展開も可能性として残されながら、しかし主要な形態、あるいは本筋の形態としては「弁証学としての世界史の神学」になると主張された。「世界史の神学」という言い方はまた「世界史の聖書的解釈」とも言われ、ラインホールド・ニーバーの神学を思い起こさせるものである。

注目すべきは、彼がここでカール・バルトのもとにその典型を見ていた教義学を否定して弁証学に切り替えようと主張したわけでなく、教義学の可能性を残し、いかなる教義学が遂行されるかという問いを残し続けたことである。そのことは「教義学であるだけでなく」という表現によるのみでなく、さらに次のような教義学と弁証学の違いに関する叙述によっても明らかにされる。「聖書のキリスト表現秩序に即して、〈上〉に向かっての聖書の神学的釈義が教義学となるならば、〈下〉に向かっての世界史の聖書による神学的解釈は弁証学となるであろう。この両者は分離することができない。それはどちらもキリスト証言の教会的作業だからである」という主張である。それはまた、「教義学が決定的にとらえたものは、弁証学において永久の努力目標となる」[3]とも言われた。

　こうして教義学と弁証学は分離され得ないものとして描かれ、暗に教義学には完結性があり得るが、弁証学は永続的努力の遂行であり続けると言われている。さらに「世界史の神学という弁証学の実践的把握が、倫理学である」とも言われる。また、「キリスト証言の形態」としては、弁証学も倫理学も「暗黙的教義学」（implicit dogmatics）と言われ、逆に、教義学は「暗黙的弁証学」（implicit apologetics）であり、また「暗黙的倫理学」（implicit ethics）であると言われる。大木英夫はバルトの「教義学集中の論理」を批判し、歴史神学としての弁証学とその実践としての倫理学の必要性を語ったことになる。しかし、彼によって「歴史神学としての教義学」の内容が明白に語られたわけではなかった。「上に向かっての聖書の神学的釈義が教義学となるならば」という言い方は、バルトの教義学の説明ではあり得ても、歴史神学的教義学の説明ではあり得ないであろう。

　彼は、バルトの「神の言葉」の神学を、世界史の解釈に向けて打ち開こうとした。しかし、「神の言葉の神学」とは異なる教義学の構想を特に示しはしなかった。

（3）前掲書、一八六頁。

この論文の中では渡辺善太の聖書論とバルトの聖書理解を基本的に同様のものとして扱って、バルトが実際には渡辺流の聖書主義ではなく、彼流の神の言葉、ならびに神の言葉と表裏の関係にある啓示の下に従属させていることなども、大木は問題にしなかった。教義学そのものの特別な構想には触れられなかったわけである。それなしに、ただ「教義学が決定的にとらえたものは、弁証学において永久の努力目標となる」と語られた。

5

その後の大木英夫の「歴史神学的方法による組織神学」の形成の経路を辿ると、一九八九年に古屋安雄との共著の形で『日本の神学』（ヨルダン社）が出版され、その第二部「方法論的考察」に、大木の論文「『日本の神学』序説」が収録されている。それによると、大木の言う「日本の神学」は、例えば北森嘉蔵にそれがあると語られたりする「日本的な神学」ではなく、日本を「歴史神学的な方法」で扱う神学と言われ、日本と神学的に取り組む神学と主張された。この意味で「日本を神学する」神学が「歴史神学的組織神学」と主張されたわけである。そこにはまた、この「日本の神学」が「歴史神学的方法による組織神学」の「弁証学」に当たるとも記されている。[4] それでは「日本の神学」や「世界史の神学」を包括した弁証学が具体的にどのように展開されたかと問えば、その全体的な論述を彼の著作の中に見出すことはできない。

大木英夫の最終的な神学的展開としては、以下の三つの著作が主要著書として挙げられるであろう。一つは、大木英夫が六六歳の時の著作『新しい共同体の倫理学――基礎論（上・下）』（教文館、一九九四年）であり、第二は七五歳の時の『組織神学序説――プロレゴーメナとしての聖書論』（教文館、二〇〇三年）であり、最後は『人格と人権――キリスト教弁証学としての人間学（上・下）』（教文館、二〇一一年、二〇一三年）である。この最後の著作の時、大木英夫はすでに八五歳であって、学校法人聖学院の理事長の職務も離れ、その旺盛な著作活動もついに著述としてのまとまりをつけるためには執筆上の補助者を必要としていたと言われる。それにしても、膨大なエネルギーを執筆以外の分野に奪われながら、なおこれだけの著述の形でその神学の営みを表現し得たのは、まさしく異能の発揮と言わなければならないであろう。

彼の『新しい共同体の倫理学』は一つの体系的なまとまりを見せている著作である。しかしその副題に「基礎論」とあるように、倫理学としての個別の各論全体の展開にまでは至っていない。次の主要著作である『組織神学序説』も、副題に「プロレゴーメナとしての聖書論」とあるとおり、

（4）古屋安雄・大木英夫『日本の神学』（ヨルダン社、一九八九年）、一二三頁。その記述によると「日本の神学」がある会で発表され、それは今後どう展開されるかと質問されたのに対し、改めての回答として記されている。「『日本の神学』は組織神学の分科のいわゆる『弁証学』（アポロゲティーク）に当たるものであり、それを独自の視点から企てるものであることを追加しておきたい」と。

「序説」にとどまり、それに基づく組織神学本論の諸論点の全容をうかがわせる論述にはなっていない。大木英夫の言う「一点を深く掘り下げる」との仕事ぶりは、聖書正典論に彼独自の深みを加えたと言えるが、[5] 組織神学としての全貌に及ぶ組織的展開には至らなかった。そして最後の『人格と人権』は、すでに『新しい共同体の倫理学』に含蓄されていた主題であるが、そのすぐれた思想史的叙述を展開したものになっている。その下巻に見られる「歴史解釈」は、一七、一八世紀の近代初頭に特化した「世界史の神学」と言えば、言えなくはない。副題にある「キリスト教弁証学としての人間学」を見ると、歴史神学的方法による組織神学の分科としての弁証学たる「日本の神学」も併せて、戦いの論点を一点に絞って、「人格」と「人権」の問題を深く掘り込んだと言い得るであろう。

　大木英夫における「組織神学」が、その全体を語ることをせず、あるいは語ることができず、その一部である教義学についてもその全貌を語ることがないことは、教義学的関心を中軸に据えて、日本プロテスタント神学史を回顧しようとする本書の意図から言うと、遺憾とされるべき欠如を意味する。弁証学とは別に、教義学はその開始・起点をそれ自体として持ち、同時にその終わり・終着点を持つし、また持たなければならない。組織神学が、組織神学的教義学であれば、その起点から終着点まで張りめぐらされた全容の展開をもって、神とその御業を理解し、讃美することが不可能ではないであろう。組織的な教義学は、深く掘り下げて把握された点の散在によって表現されるだけでなく、それら諸点が神の業として一筋の関連性の中に理解され、全体的な統合の証言とその模索的展開によって、その醍醐味が表現されるべきとも言い得る。

この点では、その都度、いわば「方法論的な突撃」に関心を持った大木英夫の戦いの神学は「組織神学の全体性」の構想からは遠く隔たったままで、組織神学の全体は言うまでもなく、その一部分としての教義学もその全貌をうかがうことはできない。それは六〇歳以降の彼の肩に負わされた事業の大きさが免れ難いエネルギーの散逸を結果したからというよりは、むしろ彼の神学的関心のそもそものはじめからの姿勢の結果であった。彼の教義学は歴史神学的組織神学の中で、はじめから前面の関心には置かれず、むしろ消極的な背後面に位置していた。

例えば、彼より五歳ほど年長で、戦後の第一世代にあって神学を志した一群の人々の中で年齢的に言って代表者格であった佐藤敏夫は、その最初の主要著書『近代の神学』（新教出版社、一九六四

（5） 著者大木の先輩であり、また同僚・友人であったある人は、大木が聖書正典を龍安寺の石庭「枯山水」に譬えた見事さに感心した。各書それぞれは原石としては何のへんてつもない鴨川からの岩や石ころと同様のものである。しかしそれが聖書という枯山水の庭にこのように配置された時、俄然こうでなければならない見事な美（真理）を生み出すことになった云々。はたして聖書各書はそれぞれの始原において鴨川からの石ころ同様のものであろうか。そうでなく各書それぞれは、正典化によって配置される以前にすでに、その資料の始原において、神の業、神のファクトの固有な証言を刻む伝承として掛け替えのないものではないのか。私にはそう思われる。

年）の後書きにおいて、自己の著作について以下のように記した。「本書はいろいろな問題をとりあげてはいるが、その根底にあるものは『神学が学として可能であるかどうかは……教養学的に思惟し得るかどうかで決定される』というバルトの意識と同じものである」[6]と。

「学問としての神学」の可能性は「教義学の可能性」にかかっているとのバルトの主張は、バルトの『教会教義学』の序説の中で明らかにされるが、引用された文章そのものはカール・バルト『一九世紀プロテスタント神学――その前史と歴史』からである。バルトは、一九世紀に全盛を極めた歴史的神学を神学そのものではなく、その「補助学」の位置に落としながら、教義学の復権を貫徹しようとした。バルト以後に教義学を遂行しようと志す者は、バルトに従うにせよ、あるいは異なる道を行くにせよ、「教義学的に思惟する」とは何か、どこにその根拠を持ち得るかを問わなくてはならない。佐藤敏夫は教義学的に思惟する道を基本的にバルトに従いながら追究し、そのうえで「文化の神学」によって「補完」[7]する道を選んだ。これに対し、大木英夫は、歴史的組織神学を弁証学的に思惟することを前面に押し立て、その根拠や背後支持を教義学的側面によって確保しようとしたと言うことができよう。

大木英夫の歴史神学的組織神学は、結果的には序説部分の深掘りに終わったように見える。と言うよりも、もっと積極的に、「戦いの神学」を表現した大木英夫の神学の真髄は「方法論的な突撃」としての「序説」の中に見届けられなければならないと言うべきであろう。そして神学において優れた序説は、すでにその神学の全容の大半を語っているとも言われる。それに従って、彼の教義学的主張は、その序説の中で見届けられなければならないであろう。

6

大木英夫は、他者との論争を厭わぬ神学者であった。彼には言いたいこと、というよりむしろ言わなければならないと考えていることがあった。そしてそれを語って、キリスト教界の外では例えば梅原猛を論争相手とし、キリスト教界内でも八木誠一をはじめとして他の人々とも論争した。しかし大木英夫は、身近な先人、とりわけ彼が師と仰ぐ人々に対しては批判を語ることは、ほとんどなかった。先人に対する態度と、同僚や後輩に対する態度との違いは、戦前の人間には当然のことであったであろう。その意味では大木英夫は旧時代に属する対人姿勢の倫理観を持っていたように思われる。そうした尊敬を込めた仕方で、彼が特に生涯、師と仰いだのは、渡辺善太であり、それ

（6）佐藤敏夫『近代の神学』（新教出版社、一九六四年）、二六八頁。

（7）カール・バルトが弁証学を否定し、倫理学を教義学と同じく神の言葉によるものとして教義学に吸収したことを思うと、彼の「神の言葉の神学」が、「文化の神学」による「補完」を容易に許すものでないことは明らかである。「補完」を貫くことは、教義学序説においてすでに異論を通さなければならないであろう。

に熊野義孝、そしてラインホールド・ニーバーであった。時にはヴィルヘルム・パウクの名も加えられた。

ラインホールド・ニーバーからは神学的主体性をもって歴史を洞察し、解釈する歴史神学的姿勢と、彼のよく言う「神学的相対主義」を学んだと思われる。歴史の神学的な解釈をもってキリスト教の弁証となすニーバーの手法を、大木も生涯試みたことは明らかである。人はニーバーのその姿勢を"applied Christianity"(応用されたキリスト教あるいはキリスト教の応用)と呼んだが、大木英夫にとっては日本にあってキリスト教的な歴史的洞察を遂行することは「キリスト教を応用する」といったものではなく、「全実存をかけた戦い」であった。ヴィルヘルム・パウクからは彼は、キリスト教を「歴史的運動」として見る見方を学んだと語り、「ピューリタニズム」をそのように観察し、「日本」をもそのように歴史的な運動体として理解しようと試みた。さらに彼の師との関係を言えば、熊野義孝からは終末論を、渡辺善太からは聖書論を継承した。その終末論は、熊野義孝の教義学的な終末論的思惟から大木英夫の歴史神学的方法による組織神学の思惟へと継承された。この継承は当然、変容を加えることを免れ難くしているはずである。渡辺善太からの聖書論も同様であろう。しかし大木はあからさまな熊野批判も、渡辺批判もしなかった。彼はあるときブルトマンを批判して、ブルトマンが「終末論と世界観」を対立的に捉えていることは単純に肯定できるものではなく、時に問題があると語った。しかし日本の神学においてことあるごとに世界観を退け、それと対立的な仕方で終末論を語ったのは熊野義孝である。しかし、大木英夫が熊野義孝における終末論と世界観の対立を批判したことはなかった。

7

日本キリスト教神学史の歩みを問題にすると、広義においてはキリスト教倫理学やキリスト教弁証学もその関連の中に入るであろう。しかしより厳密に言うと、キリスト教教義学がどう展開されているかということが重要である。教義学は、一七世紀のプロテスタント正統主義の神学の中に典型的な形態をとって遂行されたが、一方で啓蒙主義、他方で敬虔主義に直面し、そのままの方法と形態とを維持できなくされたとき、一九世紀の「信仰論」へと方法と形態を変えた。宗教心理学や宗教哲学、宗教史や人間学を基盤とした信仰論としての教義学である。しかし一九世紀の信仰論が、歴史主義の危機状況に直面し、さらには文化や社会の全面的危機に直面したとき、二〇世紀におい て教義学はその根本から再建される必要に直面した。そのためには概して「神御自身の啓示」に着目しなければならなかった。いずれにしても二〇世紀の諸神学の活動とその系譜は、啓示や神の言葉を根拠として、あるいは神の御業やその歴史を根拠として「教義学の再建」を企てた。

私はあるときモルトマンに「あなたは教義学者（Dogamatiker）と自分を思うか」と尋ねたことがある。答えは否で、彼は自分は Theologe（神学する者、神学者、広義には神学部の卒業生）ということで十分と語った。神学プロレゴーメナへのこだわりのなさが、その回答には現れていると、私は受け止めた。

方法論における二〇世紀の「教義学の再建」は、一七世紀的な正統主義教義学への復帰ではなく、二〇世紀の「神学」、あるいは「組織神学」の建設のための労苦を負わなければならない。その中で従来の弁証学と教義学が融合された形で包括される場合もあり得る。組織神学を名乗る教義学が、神学の権利問題や対社会的な弁証学の戦いを含むこともある。パネンベルクの組織神学にもそれを見ることができよう。パネンベルクの教義学は、組織神学と自称し、その序説部分には啓示問題とともに宗教問題を扱い、神学全体を神義論的な弁証学によって枠づけてもいる。

大木英夫の組織神学は、どう語り得るであろうか。教義学が欠如しているとして問題外に置くことは正しい扱いではないであろう。しかし、それにしても組織神学が全体としてどう構想されていたかは容易に判明し難い。思想は戦いによって尖鋭化される。戦いのためには、論点と旗幟を鮮明にし、隠れた論敵の問題点を衝かなければならない。その表現はドラマティックになって、時に「演劇的パーフォーマンス」に及ぶこともあろう。話の前後の文脈は記憶にないが、大木英夫の談話の中で彼が幼年学校に入学を果たし、その制服を着て、故郷に錦を飾る思いで帰郷の車中にあったとき、周囲の目を意識しながら、長時間直立不動の姿勢で過ごしたという話を聞いたことがある。優秀な幼年学校生徒の姿勢は、深く身に着いて、回心後の彼の戦いの文章の中にも残り続けた。彼は日本的心性に潜む「没神学」、「反神学的なもの」と戦った。それは神学する者の異質なものとの戦いとして、「戦う弁証学」になり、「戦いの神学序説」になった。

それにしても人間の限界は、その長所にも潜み、すぐれた長所が決定的な短所を結果させることも避け難いことに属する。戦いは、神学の「序説」「プロレゴーメナ」「基礎論」において遂行された。神学を「城」に譬えれば、外敵との戦いは城の中ではなく、城壁や城門において、あるいは城外で善戦されるであろう。城の奥深くにまで異質なもの・反神学的なものとの戦いが侵入すれば、それは落城寸前ということにもなる。大木英夫の神学における戦いの相手は類似にして同質の共同の神学ではなく（もしそうなら、その戦いは城内を豊かにし、奥行きを一層深くしたであろうが）、回心を迫るべき反キリスト教的なものであった。

大木英夫の神学形成は、城の内奥の構成や造形に至らず、終始、最前線である城門や城壁の構築に費やされた。別の言い方をすると、教科書ではなく、一点を深めることに集中した。教科書はキリスト教信仰の教理的全貌を覆うことを求められる。さらに言い方を変えれば、一点の深掘りをもってしては、全体構造を覆うシステム、体系、組織に至ることにはならない。この問題は形式的に言うと学問の体系とか全体構造の可否という問題になって、一点の深掘りではその学問は一個の学としての確立を果たすことはできないのではないか。問題は、大木英夫が彼の言う「歴史神学的方法による組織神学」によってその全体構造をどう考えていたか、その目次の提示を欠いていたのではないかということである。

この問題は、すべて神学は未完成に終わると言うこととも異なる。未完成に終わることと全体の目次を欠いていることとは話は別である。生ける神との関係にあり、生ける神とその御業の認識と認識的な讃美を課題にするならば、神学は繰り返し新しく出発しなければならない。そのときにはまた、新しい目次の書き替えを伴うことにもなろう。そうであってもしかし、全体の目次の構想なしに教義学は開始されたことにならないのではないかと思われる。神学概念そのものが中途半端なものになるからである。目次はすなわち全体構造を表示する。全体構造の必要は、ただ学術性の要請から来るだけではない。キリスト教神学にとって全体構想には、深掘りされるべきそれぞれの点や箇所の相互連関が問題になり、それらすべてが一つにまとめられる真理の統一性や、真理の単一性と全体性が重なり合う。神学はそれが言い表さなければならない神の真理を、一点の深掘りによって表現することはできない。一点の深化とともに他の諸点の相互関係が重大であり、全体性の探究が重大である。この意味では大木英夫の「歴史神学的組織神学」はただその序説における暗示に止まったと言うほかはない。「戦いの神学」としての長所の影には、「暗示に止まった神学」の短所があったのである。

この点は、彼の師ライホールド・ニーバーの場合も同様である。ニーバーには大木のように聖書正典論はない。しかし、聖書の解釈に導かれて深化された見る目、聞き分ける耳によって歴史と人間を洞察することで、聖書的で預言者的な歴史解釈の神学が見事に現されている。しかしそこにも歴史解釈的な神学そのものの全体的な構成や組織的一貫性が表明されているわけではない。

神学の全体構想は、弁証学や倫理学と教義学とでは異なるものがある。弁証学を「世界史の神学的解釈」と言えば、全世界史を統合するヘーゲルの歴史哲学のような、またそれを越える「歴史の神学」が要求され、そうした意味での全体性の欠如は何ら責められるものではないであろう。倫理学も歴史に対して開かれた関係によって永続的に種々の課題に直面される。しかし、教義学の全体性はどうか。イエス・キリストにおける神の救済の御業の啓示に基づき、神の真理の単一性と全体性によって、教義学はその始原から終末の約束まで一筋の真理として、創造以前の神の内なる開始から終末に至るまで、その信仰によって認識し、信仰における証しと讃美として、神とその御業の認識を語ることができるし、また語らなければならない。

8

優れた序説はすでにその本論を語るとはすでに引用した言われ方である。実際、大木英夫『組織神学序説』（二〇〇三年）には、教義学的骨子に対する暗示的表現が示されている。彼は「聖書は全体としてイエス・キリストという一点に集中する」[8]と語り、「聖書正典の証言」は「キリスト論的集中」の構造を持つと語った。そしてその「キリスト論的集中」は『十字架の神学』として言い換えることができる」[9]とも主張した。「十字架の神学は、方法論的には神学的相対主義であり、倫

(8)『組織神学序説』三三七頁。
(9) 前掲書、三四四頁。

理的には謙虚にして人間にふさわしい在り方、政治的には教会と国家の分離によるトレレーションと結びつく」とまで言われた。[10] かくして、彼の言う深く掘るべき一点は、「聖書正典」であり、また「キリストの十字架」であり、「十字架のキリスト」であるとも言い得るであろう。そこからさらに「イエス・キリストの信仰告白を基礎づける究極の根拠」として「内在的三位一体論」[11]が示唆され、さらには教会と世界史の理解が暗示された。

大木英夫の戦いの神学は、神学なき近代化によって持続する日本の魂を相手とした。それは自己のうちにも忍び寄る敵とはいえ、神学自体からすると異質なもの、反神学的なものとの戦いであって、それとの戦いの過程でキリスト教やキリスト教神学の特質を深化して捉え、顕在化させることが意志された。彼の言う「一点を深く掘る」は、現に聖書の正典性を深く掘り、キリストの十字架、そして十字架の神学、内在的三位一体論を深く掘って三位一体論の神学を展開することを暗示した。しかし、彼がその教義学的方向に深く掘り続けたと言うことはできない。

彼の関心は、神学そのものの内なる理解に深掘りすべき一点を見出し、追及したと言うよりは、むしろ「日本を神学する」、あるいは「世界歴史を神学する」、特に「近代化を神学する」という仕方で、弁証学的戦闘の前線に立って、その戦いの拠点を「聖書の正典性」の深掘りによって見出そうとした。実際、彼の神学的著作の中で、われわれは例えば、神論や三位一体論、あるいはキリスト論や聖霊論、さらには創造論や贖罪論、教会論や救済論について「一点の深掘り」を示したものを見出すことはできない。要するに大木英夫は、教義学的ではなく、弁証学的であった。

大木英夫は「神学的であること」「神学的に考えること」「神学的に認識すること」の意味を語り続けた。しかしその神学の内部における諸理解の相違を明らかにする神学的批判は、ほとんど試みられなかった。彼の戦いの前線は神学そのものの内部ではなく、神学の城門にあった。際立つのは、歴史を神学する歴史神学を主張しながら、カール・バルトの啓示概念に明確に反論しなかったことである。「歴史の神学」と「神の言葉の神学」とには、当然、相互批判が必要であろうし、渡辺善太の聖書論に基本的に立つのであれば、当然、カール・バルトの啓示概念とは両立できるはずはなかった。バルトは、聖書を神の言葉とのつながりに置きながら、聖書と啓示を明確に区別したからである。神の言葉としての優位において啓示が質的に聖書に優るので、この啓示と聖書の区別にあって、バルトの聖書正典の理解は自由で、将来の聖書の完成に向かって開かれていた。それだけ一層、渡辺善太の聖書正典の主張のように現状の聖書に固定的閉鎖的な仕方で固執するものではなかったわけである。

大木英夫の戦いは三位一体論にも教会論にも見られない。ブルトマン批判はあったが、戦いの内容が神学内部の理解を深化させるためでなく、キリスト教と教会を異質な世にあって建てることにもっぱら向けられていた。トレルチやパネンベルクに対する批判はあるが、それは序説の立て方を

(10) 前掲書、三五六頁。

(11) 前掲書、三七八頁。

巡っての批判である。戦いの弁証学が大木英夫の本領であって、「一点を深く掘る」という必要はそこから来ていた。その深められた一点から、「キリスト論」や「十字架の神学」が示唆され、「内在的三位一体」によるその根拠づけも示唆されるに止まった。

大木英夫の『組織神学序説』は、部分的に、組織神学の本論への指示や暗示を示したが、本論の内容を描いたとは言えない。実際、神論が展開されたわけではなく、キリスト論も聖霊論も、十字架の神学もただ示唆や暗示に止まったままである。彼に特別な創造論や贖罪論、あるいは和解論や教会論を求めても無駄であろう。「世界は教会になりたがっている」と大木はしばしば語り、時にそう記述した。しかしその内容は暗示の域を出ることはなかった。救済論についても同様である。彼の示唆と暗示を読み取り、その根拠づけからいかなる教義学、その内容の神論、創造論、救済論、教会論などが展開されるかは、彼によって描かれた聖書正典論に立つ神学徒が将来出現し、彼の教義学に及ぶ示唆や暗示を読み解いて、それを展開する努力を傾けるのに託されたままである。

あとがき

本書は日本におけるキリスト教神学史において重要な成果をもたらした人々の中から特に五人を取り上げて論じたものである。個人的なことを言うと、拙著『キリスト教教義学』（上・下、二〇二一年、二〇二二年）を出版した後、私に残された課題として意識されたのは、説教の奉仕を続けることと、「日本キリスト教神学史」を書くことであった。しかしそのどちらについても、この三、四年の間、家族の健康問題に自分自身の健康問題も重なり、十分な準備をもってその課題に応えることができなくなった。

それで、特別、新たな精読を試みる余裕もなく、結局、以前からの読書によって親しみ、学んできた幾人かの人々について「日本キリスト教神学史」の観点から、特に教義学の開始や成立の観点で論じることに限定しなければならなくなった。また、親しみ、学んできた人であっても、今回、取り上げられなかった人もある。「日本キリスト教神学史」と言うには不十分で、「神学小史」とした理由である。

扱った人々は、直接的、また間接的に私の師に当たる人々であり、私の神学の学びの環境を形成した学恩のある方々である。それにしては、手厳しい、時には非礼に当たる表現もなされているのではないかと、恐縮の思いを持っている。そうした批判的な読みは、これらの人々の著作に触れたはじめからのものではない。そのような読み方になったのは、私の六〇代以降のことであり、それ以前より一層、集中的に教義学の形成に取り組み始めてからである。特に『キリスト教教義学』の執筆時には、以前よりもさらに明確な仕方で批判的な観点に立たされたように思う。

掲載された各章の執筆時期は、いずれも『キリスト教教義学』の出版以後である。最初に扱い、文章として記したのは、「熊野義孝『教義学』と終末論」である。これは、二〇二二年二月一四日、一五日と二日間にわたってオンラインで講演したもので、後に季刊誌『教会』(二〇二二年、夏季号)に掲載された。そのため本書に収録するにあたって、最小限に修正を施したが、これだけが講演の文体になっている。他の章はすべて未発表のものである。

本書の出版は、教文館出版部の髙木誠一氏の熱心に推される形で実現した。未熟な論旨の責任は私にあるが、この出版に意味があるとすれば、その成果は髙木氏の判断と熱意のおかげである。彼のお世話に感謝したい。

締めくくりに当たり、私の願いとするところは、日本におけるキリスト教会が今後、一層闊達な歴史を辿り、キリスト教神学、中でも教義学が豊かに遂行され、やがて後代において、本格的な「日本キリスト教神学史」が出現することである。その希望を表明して本書のあとがきとする。

二〇二四年、八一歳の秋に

近藤勝彦

《著者紹介》

近藤勝彦（こんどう・かつひこ）

1943年東京生まれ。東京大学文学部卒業、東京神学大学大学院修士課程修了。神学博士（チュービンゲン大学）。東京神学大学教授、学長、理事長を経て、現在は名誉教授。日本基督教団銀座教会協力牧師。

著書『デモクラシーの神学思想』（2000年）、『伝道の神学』（2002年）、『啓示と三位一体』『キリスト教の世界政策』（2007年）、『キリスト教倫理学』（2009年）、『二十世紀の主要な神学者たち』（2011年）、『贖罪論とその周辺』（2014年）、『救済史と終末論』（2016年）、『キリスト教弁証学』（2016年）、『キリスト教教義学（上・下）』（2021年、2022年）ほか。

日本キリスト教神学小史――教義学の視点から

2025年4月30日　初版発行

著　者　近藤勝彦

発行者　渡部　満

発行所　株式会社　教文館

〒104-0061 東京都中央区銀座4-5-1　電話 03(3561)5549　FAX 03(5250)5107

URL http://www.kyobunkwan.co.jp/publishing/

印刷所　モリモト印刷株式会社

配給元　日キ販　〒112-0014　東京都文京区関口1-44-4

電話 03(3260)5670　FAX 03(3260)5637

ISBN978-4-7642-6186-0　Printed in Japan